「嫌いっ！」の運用

中野信子
Nakano Nobuko

小学館新書

「嫌いっ！」の運用

目次

第二章

「嫌い」という感情はどのように形成されるのか

第二章 ◉ 嫌いの効用と戦略的運用術

第四章 ● 嫌いな人との付き合い方

第五章 ● 家族に対する嫌悪感

はじめに

私たちは、子供の頃から、友達は多ければ多いほど褒められ、食べ物は好き嫌いせず、何でも食べましょうと言われて育ちます。

だからでしょうか。

仕事でも、勉強でも、好き嫌いを表現するとわがままだと言われ、人に対して嫌悪感を示そうものなら、未熟で、心が狭い人だと捉えられてしまうことが多いように思います。

私はそんな社会の風潮をずっと、不思議に思っていました。

率直に、嫌いなものは嫌いではいけないのでしょうか。嫌いになるには、嫌いになる理由があるはずなのです。もちろん最初は「なんとなく嫌い」という漠然とした嫌いから始まることもありますが、その「なんとなく嫌い」にも何らかの原因があるはずなのです。

それなのに、「なぜ嫌いか」と問うことよりも、「嫌いなものをつくってはいけない」という社会通念のほうが上にきてしまう。これはとても奇妙に見えます。

なぜなら、「嫌い」という感情は、自分を守るために非常に大事なものだからです。

自分にとって必要のないもの、もしくは害になるかもしれないものを回避するために不可欠の動機づけです。危ない事物には近寄らないでおくための、大事な感情でもあります。つまり、「嫌い」は脳に備えつけの重要なアラーム機能なのです。にもかかわらず、そうした感情を表に出すと、劣等な人間であると見なされる雰囲気があるのは、実に不思議です。

さらに、私たちは、「嫌い」と口にすること同様、他人から「嫌い」と言われることにも慣れていません。

自分とは違う人格をもっている人から「嫌い」と言われたとしましょう。そのとき、「ああ、あなたは私を好きではないのね」「あなたは私と違うのね」と淡々と受け止めてもよいはずなのです。しかし、多くの場合はあたかも自分が否定されたり、攻撃されたりしているように受け取ってしまう。

それでも人は、誰かを、何かを、嫌わずに生きていくことなどできません。自分がそうされたら嫌だと思っても、この感情を消し去ることは不可能です。

たとえ、あなたが周囲の人に対していつもよい顔をしていたいと思い、「嫌い」のようなネガティブな感情を消したいと願っても、それはできないのです。そしてどうしても消し去ることができないからには、この感情にはきっと何か意味が、役割があるはずなのです。

嫌いが悪で、好きが善ではない。

ということは、もっと「嫌い」の感情を深く考察することで、自分にとって大切なものが何なのか、そして手放すべきものが何なのかよく分かるのではないでしょうか。そして、「嫌い」の本当の意味と重要性が理解できれば、自分や相手の「嫌い」という感情も素直に受け止められるのではないでしょうか。

もちろん、嫌いな人とは最初から付き合わない、嫌いなことはやらない、とすべてを回避的に処理できる人もいるでしょう。人から嫌われてもまったく気にならないから、それ以上考えないという人もいるでしょう。もちろん、それらも有効な方法です。

でも私たちはかなりのエネルギーを割いて「嫌い」という感情を生み出しています。せっかくの強いエネルギーをみすみす捨ててしまったり、抑え込んで自分が苦しくなってしまったりするのはもったいないのではないでしょうか。

本書では、「嫌い」という感情をうまく使いこなせず持て余している人、もしくは嫌いな人やものを無理に「好き」になろうとして、無駄な努力をしている人に向けて、もっと目の前にある自分の心を大事にし、せっかく生じたこの感情に光を当てることで、日々を豊かに過ごしてほしいと願いながら、「嫌い」について、読み解いていきます。

・同僚がどうしても嫌いで、妬ましい。
・家族に対してはなぜかイライラが募り、嫌悪してしまう。
・自分に自信がもてず、そんな自分が嫌いでたまらない。
・嫌いな作業がストレスで、会社に行くのが辛い。

そんなネガティブな「嫌い」の感情にも、必ず意味があるのです。

もっと「嫌い」という感情を解剖して、関わり方を見つけ、運用していくことで、あなたの人生はもっと豊かになっていくでしょう。

嫌悪というありふれた日常の悪感情とうまく付き合うことができたら、同調圧力や、主観などに左右されずに、日々をもう少しスマートに楽しむこともできるでしょう。

何よりも、嫌い、嫌われることに伴う苦しさから解放されるはずです。

本書では、「嫌い」と感じる現象について、脳科学をはじめとした科学的なエビデンスを基に分析し、「嫌い」の淵源がどこにあるのか、その合理的な意味を探っていきます。

その上で、どうしたら「嫌い」という感情を上手に活用し、自分の人生にプラスになるよう使いこなしていけるのか具体的な方法を考えていきたいと思います。

「嫌い」という取り扱いの面倒な感情に振り回されそうなとき、本書が少しでもみなさんの助けとなり、この感情の中からさまざまな生きるヒントを見出す足掛かりとなれば幸いです。

第一章
「ヒトは嫌わずにはいられない」

「嫌い」と言えないように刷り込まれる私たち

私たちは、「自分の感情＝気持ち」を露わにする、あるいは、感情の赴くままに物事を判断することは、大人げないということを陰に陽に刷り込まれて育ちます。

こと人間関係において、面と向かって「嫌い」を発することは簡単なことではありません。

「和を以て尊しとなす」という文化をもつ日本人は、「嫌い」という感情が内面に芽生えても、相手の気持ちを損なわぬよう、外面上の行動は同調的であることを求められます。人に何かを頼まれ、それを断るときも、その人が「嫌い」だからとか、その頼まれごとが「嫌い」だからといった、直接的な表現を避けなければなりません。

ただ、ぐっと我慢をするだけでは心理的負担も大きく、素直な気持ちを抑え続けるには苦しさが伴うでしょう。相手の意見や提案に対し否定的な意見や感情をもったとしても、自分の考えや感情に忠実に上手に返答することができたら、これほど楽なことはありません。「好き」「嫌い」も率直に伝え、禍根を残すことはない。自分の「好悪」を伝え、その上で、その意味するところを説明したり、相手の気持ちをフォローしたりすることができたら、それこそが真の大人のコミュニケーション力だと言えるのではないでしょうか。

脳が好き嫌いを判断している

私たちの育つ環境では、「好きになること」についての素晴らしさは語られても、「嫌いになること」のメリットはあまり語られません。

どちらかと言えば「嫌い」は解消すべき、克服すべき、という幼少より育まれた教育観が先行して、「嫌い」になるのは自分が悪いのだと思い込まされてしまいます。

とはいえ、「嫌い」という感情は、誰にでも芽生えるごく自然なものです。決してなくすことのできない、脳の重要な反応でもあるのです。

この感情は生物学的に見れば、自分を守るためになくてはならないものです。

脳に快い刺激が入力されれば「好き」、不快な刺激が入れば「嫌い」という感情が生起します。

芳しい香り、おいしい味、心地よい音……。

自分にとって有益な事物は好ましく感じ、それらを取り込もうとしたり、あるいは常に接していたいと思います。それは有益なものをより近づけようとする生存のための自然な要求です。

「悪臭」「まずい」「耳障り」などの不快な事物は、有害、不利益を与える可能性を脳が計算して、それを遠ざけようとするために、嫌いという情動を使うのです。

・この人はどういうわけか信用できず、だまされてしまいそうだから近づきたくない。
・この場所は自分にとって居心地が悪く、なぜか不気味なので離れていたい。
・この食べ物を食べると気分が悪くなるから食べたくない。

これらは生物として持つべき自然な感情であり、生きる上で極めて重要な感情です。不快であるもの、不安を与えるものに対して敏感な状態を保ち、これらを、自分から遠ざけておく努力をすることは生存のために必要不可欠な戦略の一つです。

「嫌い」の感情の中には、脳が感じる自分にとっての「不快」「不安」「不審」「違和感」があり、その先には「危険」や「恐怖」「不利益」「有害」があるわけです。それを我慢したり、見過ごしたりすることは、かえって自分の身が無防備に危険にさらされてしまうことにもなるのです。防衛力ゼロの国家や鍵のついていない金庫のようなものです。

それは事物に対してであろうと、人に対してであろうと同じです。

それにもかかわらず、「好き嫌い」がある人は、ただの「わがまま」で「無責任」な人と捉えられてしまうのは、実に搾取する側にとって都合よくできた思考の罠であるかのように見えます。

「嫌い」は、根拠のないネガティブな感情ではなく、蓄積された情報から、脳が合理性をもって判断している結果としての心の声です。

なぜ、嫌いな人と、わざわざ貴重な時間を過ごさなくてはいけないのでしょうか。なぜ、好きでもない食べ物を無理してまで食べなければいけないのでしょうか。私たちは、もっと冷静に自らの「嫌い」の声に向き合ってもよいのではないでしょうか。

「嫌い」は防衛判断

人間だけではなく、動物も「好き」より「嫌い」により強く反応することがわかっています。

生き物にとって、嫌い＝不快なものは、自分に害を与える可能性が高いものです。察知できたら、素早くそれを避ける必要があります。近づいて、よく確かめ、これは危ないと判断してから逃げる、ではすでに手遅れです。「嫌い」なものを素早く判断して、即座に退く判断をしなければ、野生で命を全うすることはできません。

「嫌い」という感情は、かつて、仲間がそれを食べたら死んでしまったり、その道を通ったら他の動物に襲われたという、生命の危機からの「経験則」から生じるものです。さらには、自身の経験でなくとも、仲間や遠い祖先などの危険、恐怖の経験が、世代を重ねて記憶や機能として蓄積され、いわば「習性」となったものとも言えるでしょう。

つまり、自分にとって、得にならないものを見分けるための迅速なプロセスが、感情の「嫌い」という形で脳に記憶されているのだと言えます。

理由はわからないけれど、その場所に来ると、なんとなく怖い、気持ちが悪いなど、嫌な気持ちになる、という場所はありませんか？　または、初めて会った人で、それほど話してもいないのに、どうも好きになれない、気が合わなそうだと感じたことはありませんか？

そのときには、その場所には行ってはいけない、その人とはうまくいかない、というふうに、自分の過去の記憶、もしくは人類の記憶が無意識に呼び起こされ、警告として「嫌い」という感情を発信しているかもしれないのです。

その心の声を無視し、その場所に行ってしまったがために、怪我をしたり、命を失ってしまったりするかもしれません。「選り好みをせず、この人とうまくやっていかなければいけない」と、無理をしながら付き合いを続けた結果、振り回されてしまい、人生の貴重な時間を無駄にしてしまうということもあるかもしれません。

もちろん、それが杞憂であり、偏見のようにも見えたり、この好悪の感情に捉われることでかえって損をしたりする場合もあるかもしれません。それでも致命的な傷を負わされてしまうよりも、安全な選択肢をとるというのは、生物としては当たり前の判断ではないでしょうか。

なぜ「嫌い」を嫌うのか

なぜ、「嫌い」という態度を取ることに、抵抗を感じるのでしょうか。

なぜ、「嫌い」と言うことに人は罪悪感をもつのでしょうか。

なぜ、「嫌い」と言いにくいのでしょうか。

冒頭でも少し述べましたが、一つは、教育の影響です。

私たちは家庭でも学校でも、誰かを嫌ったり、嫌いなものをつくったりしてはいけないということを刷り込まれて育ちます。

そして多くの場合、嫌いなものが少ない人のほうが、嫌いなものが多い人よりも、先生や家族、友人から高い評価を受けてきたでしょう。

私たちは嫌いな人や嫌いなものが少ないというだけで、社会的報酬を受けるのに有利となり、好き嫌いが多い人は、それだけで社会不適合者のような扱いを受けてしまうという報酬構造の中で育ってきているのです。

確かに子供時代は、食わず嫌いをなくしたり、人付き合いの幅を広げるなど、世の中への適応を促すための教育という点では、嫌いなものを克服しようと声を掛けていく、ということにも意味がないこととは言えないでしょう。

しかし、大人になっても、その価値判断に無闇に従うというのは、あたかも建築用の足場の残ったままの建物を何十年も使い続けるようなものです、「嫌い」という感情をどう処理してよいのか、教育された思考の枠組みの外で自分で判断することに慣れていないために、生きづらさを抱えてしまうことにもなります。

「嫌われる」というリベンジが怖い

もう一つの理由は、リベンジへの警戒です。自分が誰かを嫌うことで、自分も嫌われるのではないか――。みんなが好きなものを自分が嫌いと言ったら、その場の空気を壊してしまい、結果、みんなから嫌われてしまうのではないかなどと考えたりしてしまうのです。

断ることが苦手な人というのは、断られることも苦手なものです。この警戒心そのものは、人の心の正常な機能と言えますが、怖がるあまりに心の負担が大きくなるのも困りものです。

「ご飯へ行きませんか？」と誘う際にも、相手に断られることをとても嫌がります。ただ都合が合わないだけなのに、「自分は嫌われているのではないだろうか？」と不必要な想像をしてしまうのです。

だから何かの誘いを受けて断りたくても、断ったときの相手の気持ちを想像し、「嫌っていると思われるかもしれない」とか「もう誘われないかもしれない」と想像してしまい、断れなくなってしまうのです。

その結果、行きたくもない飲み会に付き合わされたり、面倒な仕事を断れずに抱え込んでしまったり、買いたくもないものに無駄にお金を払ってしまったりしてしまいます。

組織は「嫌い」を排除する

さらに、「嫌い」なことがあるだけで、他の人と比較して、自分には人として弱みがある、わがままであると自信をなくしてしまうこともあります。

冒頭にも書きましたが、日本では、自分の感情を露わにすることが、大人としてふさわしい振る舞いではないという常識があるだけでなく、個人の感情と、所属する組織、集団の利益が相反したときには、当然、組織、集団の利益を優先するべきという「社会通念」があります。

そこには、集団の中で生きていくときに求められる、「責任」があるからです。

人は、社会の中で、その立場に応じた「責任」を背負っています。会社であれ、家族であれ、その役柄に応じて「責任」を全うしていないと、周りから「いかがなものか」と言われますし、集団の利益に係る場合は具体的に責任を追及されることにもなるでしょう。

「責任の感じ方」は人それぞれで、強い人もいれば弱い人もいます。

この感覚の強い人は、より「社会通念」に影響されやすく、組織や社会の利益に反した「嫌い」、自分の感情である「嫌い」を表立って露わにすることはためらわれることでしょう。そんな人は、自分の「嫌い」を努力で克服しようとして、無理をしてしまうのかもしれません。

「社会通念」「責任」、そこに「同調圧力」が加わり、三位一体となって、私たちは「嫌い」が言いにくくなっているのです。

「嫌い」の伝え方・活用法を学ぶ機会が少なすぎる

「嫌い」という感情を表現することに躊躇してしまうのは、そもそも「嫌いの伝え方」を学ぶ場がないということも理由として挙げられるでしょう。

くり返しになりますが、私たちは「嫌い」と言うことを「よし」とされない環境で育ちます。

そして、この植え付けられた「好き嫌いをなくそう」という呪縛は、ある年頃になったら解いてもよい、もう嫌いなものは克服しなくてよいということも、教えられずに育ってしまいます。また、「嫌いだから嫌い」と伝えるのではなく、大人の流儀として、どういうタイミングでどのように伝えるとよいのか、「嫌いの伝え方」「嫌いな感情の使い方」を学ぶ機会があまりにも少ないのです。

「嫌い」という感情を上手に伝えて、自分の心を自分で守る力を身に付けることが本来の教育ではないでしょうか。同調ではなく互いの差異を認めて協働することが、豊かな大人のコミュニケーションではないでしょうか。

嫌いの捉え方、伝え方を再考することで、その感情を自分の大きな武器として運用し、活用することは、あなたの人生をこれまで以上に輝かせ、豊かなものにしてくれるでしょう。

実際、日本でも、世界でも、成功している人の多くは、「嫌い」という直感を大切にし、経営に生かすなり、ビジネスに生かすなりして上手に運用しています。

嫌なことや嫌な人に遭遇したとき、ネガティブな感情に振り回されず、適切に嫌いながら、その直感・感情を上手に運用することこそ、本来なりたい自分に近づき、充実した人生を送る秘訣なのです。

この「嫌い」の活用法については、第三章以降で詳しく述べることとして、次の章では、嫌いという感情がどのように生まれてくるのか、「嫌い」を感じるとき、脳がどう働いているのかを解説します。

第二章

「嫌い」という感情はどのように形成されるのか

「嫌い」は、生存のための機能

「嫌い」をストレートに表すことが、社会通念上よくないと言われる一方で、「嫌い」のような感情をいつも抑え込んでいるとストレスになり、メンタルヘルス的に好ましくないこともよく知られています。

本書は、この「嫌い」という感情をうまく使いこなすことを目指していますが、そもそも人間の脳では「嫌い」が何のために使われているのか、ここで再度おさらいしていきます。

「嫌い」というネガティブな感情は、ヒトだけでなく、生物が生きていくために、そもそも不可欠の機能です。生存戦略を遂行する上でとても重要な役割を担っていることはすでに述べたとおりです。

それでは好き嫌いを判断するときに、脳はどのように機能しているのかについて解説を始めていきましょう。

主観的な好みを決める「眼窩前頭皮質」

脳はいくつもの部分＝分野に分かれていて、それぞれ感覚や情動、記憶や思考、意思の決定といった機能を担っています。

それぞれの分野は、互いに情報をやり取りして、五感で受け取った情報を記憶したり、その感覚や経験の記憶から情動を惹起したり、さらにはそれらを基にして思考したり、意思決定を行っています。

こうした脳の中で、「この店の味が好き」「この顔は苦手」「この絵が好き」など、自分の主観的な好みを決めたり、選んだりするときに反応する分野が、「眼窩前頭皮質《がんかぜんとうひしつ》（OFC）」です。

「眼窩前頭皮質」は、「前頭前皮質（PFC）」の表面にある部分で、眼球が収まっている眼窩という頭蓋骨の空洞のすぐ上に位置しています。そして、物事の価値を見極め、判断をして、自分にとってよりよい選択をするための処理をしていることがわかっています。

「眼窩前頭皮質」を含む「前頭前皮質」は、脳の起源としては最も新しい部位で、思考や創造性を担う脳の中枢であり、「人を人たらしめている脳」と言われることもあります。

「扁桃体」は直接的に好き嫌いを判断

「眼窩前頭皮質」が、「物事の価値を見極め、判断をして、よりよい選択をする」、いわば理性的な判断を担うのに対して、快・不快を感じて、いわばより直接的に好き嫌いを判断する分野が「扁桃体《へんとうたい》（Amygdala）」です。

「扁桃体」は、脳の左右にある脳機能部位で、快・不快の中枢となる部位です。特に恐怖を感じたときに活発に活動することが知られています。

扁桃体は、視床核《ししょうかく》（視覚、聴覚など）を介して、味覚や嗅覚、聴覚、視覚などからの情報を受け取り、さらに、大脳皮質で処理された情報や、記憶に関わる海馬からの記憶情報を受け、それが快か不快かの判断をします。

また、何かの衝撃的な出来事による、不快の情報は、扁桃体から海馬に送られ、記憶と結びついて残ります。

扁桃体の反応は迅速で、何かを見たり聞いたりしたとき、それが生存に関わる重大なものであるかを一瞬のうちに評価します。

どちらかと言えば、好ましい、好ましくないについて判断しているというよりも、快・不快を察知する脳と言ってよいかもしれません。

「前頭前皮質」が、新しい脳であるのに対して、「扁桃体」は、いわゆる「古い脳」であり、一般的に言われる本能的な反応を担っています。

我慢できる嫌い、生理的に受け付けない嫌いがある

一方で眼窩前頭皮質が行う「嫌い」という判断は、自分にとって好ましくない、もしくは苦手であるという嫌いであり、我慢すればなんとかなるというものでもあります。

これに対して、「生理的に受け付けない」「言葉にできないけれど気持ちが悪い」という反応は、扁桃体が関与しているのです。

具体的には、こういう音がすると自分はひどい目にあう、といった恐怖条件付けが起こ

るのは、神経細胞が扁桃体で回路（＝恐怖条件付け）をつくることによります。
実際に嫌な目にあうという結果がなくとも、その音を聞いただけで、その回路が活性化されて、身がすくんだり、体が自然に緊張したりということが起こります。

ヘビが嫌いなのは生まれつきか

ヒトやサルは、「ヘビ」を脅威を与える対象として捉え、素早く見つけるという研究結果があります。このヘビを素早く見つけるというのは、脳における視覚情報の伝わり方が違うことによるものです。

目で見たもの（＝視覚情報）が脳で処理されるまでに、脳内のいくつかの部位を伝わっていきますが、その伝わり方（＝経路）が複数あることがわかっています。

通常、見たもの（＝網膜で捉えた物体）は、網膜→外側膝状体《がいそくしつじょうたい》（＝視床領域の一部）→一次視覚野（大脳皮質の視覚情報を処理する部位）という経路で伝わりますが、ヘビを見た場合には、網膜→上丘《じょうきゅう》→視床枕（＝視床領域の一部）を経て扁桃体に伝えられます。

この、網膜から上丘を経るというところに、ヘビを素早く見つけられるというポイントがあります。
上丘は、視覚や聴覚に反応する部位ですが、眼球を対象に向けてよく見ようとする「急速眼球運動」を担っています。注視、注目する反応です。このため、ヘビという脅威の対象を注視して、その情報を扁桃体に伝え、扁桃体では海馬の記憶情報とのやり取りから、ヘビに対する「不快」の記憶を受け取り、それを危険と認識させているのです。

驚いたことは、野生のサルだけでなく、実験室で生まれ、ヘビを見たことがないサルでも同じ反応が見られることです。実験室生まれのサルに対して実験を行ったところ、ヘビを恐れはしないものの、やはりヘビを素早く見つけるという行動が見られたのです。この結果からヒトのヘビに対する敏感反応は、進化の過程で培われた生得的なシステムであると推測されています。我々が何かを嫌悪するのは、自己防衛のための見逃すべきではないセキュリティシステムからの警告なのです。

「嫌い」は克服しないほうがいい

味覚に対する好き嫌いも同様です。

「ナマコにあたった」「野生のキノコを食べて嘔吐した」など、ヒトや動物は、過去に食べて体調が悪くなった食品を避ける習性があります。この現象は「食物嫌悪学習」と呼ばれます。

「食物嫌悪学習」は、その食物を見ただけで過去の経験から「不快」を感じるわけですから、ヘビの場合と同じで、視覚の情報に基づいて、脳の中で、扁桃体と海馬が情報をやり取りした結果と言えます。

また、辛いのは苦手、酸っぱいのは食べられないなど、味を嫌悪するのは「味覚嫌悪学習」と呼ばれます。

この「味覚嫌悪学習」では、舌から伝わる味覚情報と、内臓から伝わる不快の情報を扁桃体が受け取り、この味は不快なものとして処理され、結果としてその味を嫌うように記憶がつくられます。食べ物に対する好き嫌いの選択も、セキュリティ反応であり、自己防衛本能なのです。

ですから、味覚嫌悪学習が生じたとき、嫌いなもの、不快なものは食べないという選択をした動物は生き残り、進化してきたと考えられます。

食べ物に対する好き嫌いはとても大事な反応なので、無理に克服する必要はないと思います。好き嫌いなく食べるのがよい、という社会通念にとらわれることはありません。栄養という観点から言えば、現代は、代替できる食品が豊富です。

ですから、無理に食べてストレスを溜めるほうが、よほど身体によくありません。どうしても食べる必要があるということは、現代にはめったにない状況でしょうが、もしそのような場面にあたってしまったのなら、できるだけ上手に避ける方法を工夫し、最適な答えを出すように努力すべきでしょう。

「嫌い」は更新される

「この人のこういうところが嫌い」という主観は、「眼窩前頭皮質」による働きです。前述したように、「眼窩前頭皮質」は、「物事の価値を見極め、判断をして、よりよい選択をさせる」部分ですから、「嫌い」と感じたからには、それなりの価値判断がなされています。

この人は「強引」、「おしゃべり」、「無口すぎる」、「おせっかい」、「とっつきにくい」等々、気に入らないことはいくらでも存在するでしょう。

ところが、この眼窩前頭皮質が行っている価値判断の基準は、頻繁に更新されています。それは、眼窩前頭皮質が属している前頭皮質全体の特徴でもあります。

例えば、高校生の頃は、おしゃべりな人がすごく苦手だったのに、社会人になり、いろいろな立場の人と話すことによって自分の知識や価値観が広がり、おしゃべりな人も悪くないと思い直すようになるなど、眼窩前頭皮質の基準が更新され、「おしゃべりな人が好き」とリニューアルされるのです。

昔は印象派の絵が好きだったけれど、今は、抽象表現のジャクソン・ポロックが好き、というのも、経験により眼窩前頭皮質の基準が更新されたことによります。

異性への好みも、以前は運動ができて、きれいな顔で、ちょっと近づきがたいような男性が好きだったけれど、今は、外見はちょっと冴えなくても、優しくて面白くて、自分の話を聞いてくれる年上の男性が好きといったように価値づけが変わるのです。

娘が父親を嫌うのはセキュリティ機能

思春期の女性が父親を避けたり、父親のにおいに敏感に反応したりして、嫌悪感を露わにするようになるのは、「扁桃体」が反応している可能性があります。より本能的に「嫌い」になっているわけです。

女の子が思春期を迎え、身体的に子供を産むことができる年齢になると、自然と遺伝子の近い男性を遠ざけるようになります。

いわばセキュリティの一つで、ごく自然な生理的な反応であり、父親の存在そのものが嫌いなのではないので心当たりのある方はご安心を。むしろ健全な父娘関係だと喜ぶべきかもしれません。

特に「扁桃体」による「嫌い」は、においに反応すると言われているため、「お父さん、臭い」と言われたら、「脳の健全な反応」によるものと諦めて、思春期の症状として正常に成長している証拠と考えましょう。

時期がくれば、眼窩前頭皮質での価値基準が更新されて「やっぱりお父さんは頼りになるな」と思われるようになるなど、関係改善が期待できますから、一時の辛抱です。

思春期の女子はグループで男性を嫌悪する

女子は思春期になると、父親以外の大人の男性に対してもこれを嫌う反応を見せることがあります。

大人の男性が集団でいると「オヤジ臭い」などと言って、その場から離れようとする行動も見られますし、男子が女子の身体的な特徴について話すことにも過敏になり、嫌がる傾向も生じます。

特徴的なのは本質的な「嫌い」とはやや機序が異なるのですが、女子が学校の教員など、身近な成人男性を嫌うときにグループ化する傾向があることです。これはリベンジされないための、一種のセキュリティ的な行動であり、つまり、「嫌い」は、女子同士のコミュニティづくりにも影響するわけです。

女子は共通して好きなものがあるときに仲がよくなりますが、共通して嫌いなものがあるときは、さらに仲がよくなり、結束が強くなります。

思春期の女子が誰かを嫌悪やいじめの対象とするのは、女性の本能として、グループをつくり、仲よくなろうとする習性があるからです。

例えば、グループの中にいれば、育児の過程で外敵から子供を守ることができますし、また、相互に協力しながら保育するということもできます。

そうしたグループの結束を高めるために有効なのが、グループ外に共通の敵をもち、制裁行動を起こすということです。

グループの敵は、クラスの男子でもいいし、グループに属さない女子、さらには、若い男性の担任である場合もあります。若くて、優しそうな先生が標的にされるのは、対象にしても怒られない＝リベンジされないような相手だからです。

ですから、標的になってしまった先生は本当にお辛いと思いますが、先生を嫌うという行為も、人格を見て嫌いと言っているわけではなく、女子個々人の「嫌い」になっているわけでもないことが多く、彼女たちのコミュニティづくりに寄与していると捉え、ご自身を責めないでいただきたいと思います。

そもそも本当に嫌いなら、完全に無視し、遠ざかるはずです。もはや話題にもせず、相手にもしたくないはずなのです。

子供は「嫌い」という言葉を、記号として使うこともある

子供たちは「嫌い」という言葉を非常に簡単に使います。これは、幼児に限らず、中高生くらいでも発達の度合によってそうすることがあります。

しかし、それは「眼窩前頭皮質」の「嫌い」や、「扁桃体」の「嫌い」といった脳の働

きによる「嫌い」ではなく、大きな意味がないことも多いのです。

「ヤバイ」「ウザイ」「ダサイ」「ダルイ」などと同じように、反射的に出る口癖のようなもので、子供は、「キライ」とか、「イヤ」という言葉を、記号として使うことがあるのです。

ゲーム感覚で、「キライ」という記号をつけ、「この人はハブにするキャラ」として扱い、いじめが起きることもあります。

それは、前頭前皮質が未発達なため、相手が傷ついたり辛い思いをするという思いに至らず、そうした行動を取ってしまうことにあります。

ですから、子供たちから「キライ」と言われても、あまり気にしないほうがよいでしょう。真面目な大人ほど気にされると思いますが、それは本当に嫌いなわけではなく、語彙の少ない子供が、「もっと自分を見てほしい」という気持ちの裏返しで言っていることも多いのです。

また、思春期の女子と同じように、子供たち同士のコミュニティを保つための、アイコンとして「キライ」という言葉が使われ、その対象として選ばれてしまったということもあるでしょう。

そういう意味では、こうした「キライ」は、前頭前皮質が未発達の「子供らしい行動」と言えるでしょう。

「嫌い」という感情を排除する人

一方、物事の善し悪しを「好き嫌い」の感情で決める人がわからない、理解できないという人もいます。物事の善し悪しは、それが合理的か、合理的でないかで判断するというような人で、理性の強い人です。

理性が強いというのは「背外側前頭前皮質」の働きが活発で、脳が集めた情報に対し、冷静に、合理的な判断を行える人と言えるでしょう。そのプロセスの中で「扁桃体」の働きを制御して、「嫌いな人をつくらない」「皆を平等に好きにならなければならない」「まんべんなく何でも食べられるようにしよう」などと、理性によって「嫌い」という感情を抑えることができる人でもあります。

このような人は、仕事に関しても、「好き」か「嫌い」か、ではなく、「やるべき」か「やるべきでない」か、「可能」か「不可能」か、「有益」か「無益」か、というように合理的な判断を行い、それに合わせて、余計な感情を排除し、仕事を着実に進めていこうとします。

恐らく、冷静で仕事もよくでき、評価も高い人が多いでしょう。

しかしながら、背外側前頭前皮質の機能が高く、感情をよくコントロールしているといっても、扁桃体が発する「嫌い」の感情が完全になくなっているわけではありません。それはあくまで抑制されているだけです。

背外側前頭前皮質による理性の陰で、扁桃体の感情が沸々と、煮えたぎっているかもしれません。

嫌いな仕事をしていて別に不都合が生じていなければよいのですが、嫌いと言えないがために、多くの仕事を押し付けられたり、理不尽な扱いを受けたりすると、いつの日か抑えつけられた扁桃体の感情からリベンジを受けることになるかもしれません。

自分の好き嫌いと他人の好き嫌いが混同する場合

自分の好き嫌いと、誰か身の周りの人の好き嫌いを混同させてしまう人もいます。

理由の一つとして考えられるのは、周囲からの〝同調圧力〟です。もう一つは、自分の気持ちよりも、他の人の気持ちを優先しようとする〝共感〟の気持ちが強く働きすぎるためです。

これに加えて、前項で述べたようにそもそも好き嫌いのスイッチをＯＦＦにしてしまっている人もいます。自分の感情に蓋をしてしまう人です。ある意味、理性的な人です。不本意な仕事をしなければならないとき、嫌いな人の指示に従うときには、できるだけ自分の「好き」も「嫌い」も感じないようにしていたほうが楽です。「辛いときは、何も考えないようにしている」という人も多いのではないでしょうか。

共感によって自分の好き嫌いが分からなくなってしまう例としては例えば、過保護すぎる親子関係があります。

お母さんの言うことがすべて、という関係においては、自分の好きや嫌いよりも、母の判断・選択が優先されます。

そのため、自分の好き嫌いのスイッチをOFFにして、お母さんの好き嫌いのスイッチを自分のスイッチであるかのように切り替えてしまうのです。


少し話はそれますが、ここでお母さん側の問題を考えると、お母さんは、自分の考えに合わせることが、子供のためなのだと考えていることが多いでしょう。しかし本当は、自分の子供は自分と違う独立した人間であり、自分とは違うスイッチをもっているだろうということを認めるのが怖いだけなのかもしれません。

それは、自分自身に自信がないことの裏返しであるでしょう。子供のためと、言いながら、本当のところは自分のことが心配で、子供が離れていくことが怖いということかもしれません。

親子のこうした感情のもつれ合いについては、第五章で考察します。

話を子供側に戻すと、本当に自分の「嫌い＝危険」を察知しなければならないのは子供本人であり、お母さんではありません。

子供が、母親のスイッチに違和感を覚えたとき、親子関係が崩壊のプロセスに向かうかもしれません。

お互いの好き嫌いを認め合う、ということが、親子であっても健全な人間関係なのではないでしょうか。

第二章
嫌いの効用と戦略的運用術

「嫌い」を活用する成功者の例

この章では、「嫌い」という感情を運用するメリットと、嫌いな感情を分析する方法を考察していきたいと思います。

これまで「嫌い」の感情を避けてしまわないことの重要性について説いてきましたが、それでもやはり、このようなネガティブな感情にメリットがあるとは思えないという人もいるかもしれません。ましてや運用するなんて無理だと思っている人もいるのではないでしょうか。

そこで、「嫌い」のメリットを知り、上手に活用している人の例を紹介しましょう。

日本テレビの『人生が変わる1分間の深イイ話』という番組の中で、放送作家・作詞家の秋元康さんがかつて、「嫌いな人と定期的に会う」ということを自分に課しているというお話をしていました。

なぜなら、嫌いな人というのは、自分に似ているタイプか、あるいは正反対か、そのどちらかだからだそうです。

嫌いな人に定期的に会い、話をし、なぜ自分がその人を嫌いなのかを考える。そうやって嫌いの理由を「深掘り」することによって、改めて自分の信念や好きなことを発見できるのだそうです。

「人の振り見て我が振り直せ」
「他山の石以て玉を攻《おさ》むべし」

という言葉がありますが、自分に似ている人からは、自分も他人からこう見られているのかという気づきを得られるし、自分と正反対な人からは、違った考え方や価値観を学ぶことができます。嫌いな人と会う時間は無駄だと思われがちですが、あえて嫌いな人と接することを、「自分を見つめ直す時間」「自分を成長させるチャンス」に変えようとしている姿勢には本当に頭が下がります。

そして、秋元さんが常に第一線で活躍されている理由も、「嫌いの感情」すら、自分の人生を豊かにする素材として活用できるというところにあると心から納得したのでした。

私自身は、できるだけ嫌いな人とは会いたくないし、同じ場所にいたくないと思ってしまうタイプです。秋元さんのように、あえて嫌いな人に会うという荒業は私のような人間にはかなり難しいことです。しかし、秋元さんの取り組みを伺って、これからは自分も、嫌いな人に会うときには、こうした視点をもってみようと思うようになりました。

確かに、勇気を奮って嫌いな人と会ってみると、やはり、いろいろと面白いことがあります。

まず、自分がなぜこの人のことを嫌いなのかとしみじみ考えるのです。話をしながら、一言一句を聞き、一挙手一投足を見て、どこに苦手意識を感じるのか、考えてみるのです。

すると、「ああ、この人といると、うまく話に入れないから嫌いなのか」など、自分の弱点を発見することができることもあるのです。ただ単に「嫌い」にフォーカスするのではなく、「嫌い」という感情がどこから生まれてくるのか、その理由に思考を巡らせてみることで、いろいろな自分が見え、自分が本当に求めていることもわかってきます。

何をやせ我慢をしているのかと思われるかもしれません。しかし、やってみると、そこには非常に豊かな学びがあります。自分の「嫌い」という気持ちを無理に抑圧するのではなく、まずは認め、その根拠を分析し、活用しようと試みることも、人生を味わい尽くすことにつながり、より深く楽しい人生が開けていくのではないでしょうか。

運のよい人は「嫌い」の直感を大事にする

イギリスの心理学者・リチャード・ワイズマン（Richard Wiseman）博士は著書『運のいい人の法則』（角川文庫）の中で、「本当に運のいい人は『虫の知らせ』（＝不快の直感）を無視しない」と述べています。

直感が鳴らす警告のベルを聞き逃さず、「目の前のことについて慎重に考えろという合図だ」と捉え、立ち止まって考察し、推測して、正しい判断をするとしています。

しかし、運の悪い人は、直感に耳を傾けようとせず、考え直すことなく、信じてはいけない人を信用し、選択を誤り、失敗してから、「そう言えば」と、虫の知らせ、不快の直感に従わなかったことを後悔すると述べています。


「直感」とは、思考によらず、瞬間的に物事を捉えたり、判断できたりすることで、豊富な経験と多様な発想力、常識にとらわれない柔軟な想像力などが源になっています。

「直感力」に特に優れていなくても、長年続けている仕事や趣味などでは、時折「あれ？これはヤバそうだぞ」と感じるようなことはあるはずです。

特に「不快」の感情は、第二章で説明したように、生命に関わる最も基本的な感情が源になっていますから、これを直感したならば、何らかの手は講じるべきでしょう。

私の周りでも、運がよさそうだなと思う人は、「嫌だ＝不快」と強く感じる瞬間があるようです。そして、その不快の直感を信じ、違和感を感じる仕事にはあえて手を出さなかったり、がむしゃらに突き進むのではなく、立ち止まって考えたりします。そのおかげで、大きな損失や失敗を回避できているということが多いように思います。

直感で無駄な努力を省く

成功した人の話を聞くと、「無駄な努力」を惜しみ、必要な努力に注力している人が多いと感じます。

というのも、時間も含めて、自分のリソースは有限ですから、それをいかに有効に使うかが成功する鍵でもあるからでしょう。

「嫌いな仕事」も、ただ「耐える努力」だけで報われると考えるなら改めたほうがよいでしょう。

努力が必ず報われるとは限りません。報われる人と報われない人がいます。報われるのは、正しい努力をしている人です。自分が何をしたいのかはっきりしており、そのためにどうするのか考えて努力している人は、必ず結果がついてきます。

その努力は、誰のため、何のためなのかを立ち止まって考えることも必要です。

「直感」を働かせて、「耐える努力」が報われそうもない「勝ち目のない勝負＝嫌い」からは降りて、その経験値を生かした「直感」で、自分にとって優位となる場を求めるべきでしょう。

人間は誰もが、嫌なことを克服できるわけではありません。避けたほうがよいことは避けて、有効に時間を使い、できるだけ自分の得意なこと、強みを生かしてあげることのほうが、よほど価値的ではないでしょうか。

「赤信号、みんなで渡れば怖くない」

せっかく「不快な直感」が警告のベルを鳴らしても、その直感に従うのを妨げる要因があります。

周囲の意見や、同調圧力などです。

日本人のコミュニティは同調圧力が強く、私たちは、よほど気をつけていないと大多数の意見に流されがちと言われます。文化的にも、「寄らば大樹の陰」、みんながよいと言っているものは、とりあえずよいと無意識に判断しています。

かつて流行した「赤信号、みんなで渡れば怖くない」という言葉も、日本と日本人の傾向をよく表している言葉かもしれません。

自分では「これは怪しい」と思っていても、「これはみんないいと言っているよ。あなただけが違うよ」と言われると、議論してまで意を通す人は多くないと思います。

日本人は集団として一致団結したときには強さを発揮しますが、その集団が間違った方向にいくと、集団の中からは声を上げにくくなります。

高度経済成長期に顕著ですが、自分の時間や家族との時間を犠牲にして働く人が優れたビジネスマンとされました。当時、そうした行為を「嫌い」と感じた日本人はいたと思います。

けれども、国の大勢や同調圧力の中では無力でした。

本当に自由な社会とは、個々人の「嫌い」も自由であるべきだと思います。

「嫌い」の直感に従い、危険を回避する

不快の直感は、初めて会う人、初めての仕事など、自分としては、これまで経験した覚えのないことでも、なぜかわからないけれど感じるものです。

それは、似たような経験、似たような知識から、あるいは覚えてはいないけれど、潜在意識の中にある出来事、出会いから導き出されていることもあるでしょう。

「なんとなく違和感を覚える」「なんとなく危なそう」など、直感で感じる「嫌」な気持ちは、具体的に言語化しにくいときがあります。しかし、そうした直感も看過しないほうがよいと思います。

よく事故の起こる交差点など、ここがなぜ危ないのかを言葉にして理解する前に、「見た感じで」、なんとなく嫌な感じを覚えることがあります。

無意識のうちに、「こういうところは危なそうだな」という見た目の印象を、我々は言語化せずに経験や記憶から呼び出しているのです。

なんとなく嫌いな人というのも、その人から実際に嫌な目にあったことがないのになぜか嫌いだなと思うこともあるでしょう。

以前、どこかの家族が威圧的に振る舞って搾取するタイプの人にひどい目にあったニュースを見た、など、間接的な過去の経験から、嫌いなタイプの人間像が無意識的に埋め込まれていることもあるかもしれません。

何年も生きていれば、それなりに嫌な思いもするので、いつの間にか「甘え上手な人」は、最終的には自分を裏切っていいとこ取りする人だ、などと学習していることもあるでしょう。

もし自分の直感に従えるのであれば、嫌な予感がする人とは、適度な距離感を保ち、相手が自分に対してアグレッシブな態度を取ったときの準備をしておくべきです。嫌な感じがする場所を通るときには、周囲に気を配り安全策を取りながら通るということもできるでしょう。

身につけたい「非協調性」の技術

「嫌い」と言いにくい理由として、協調性がないと思われるという懸念があるかもしれません。

逆に、「嫌い」をはっきりと言わない人は協調性があるとして、「褒められる」という社会的報酬が与えられたり、日本の組織では、扱いやすい人、人柄がいい人として、好まれる傾向があると思います。そこには、「嫌い」を言わず、黙々と頑張る人が優秀であるという、根付いた価値観があると思います。

しかし、時代とともに、「優秀者」の定義も変わってくるでしょう。

これからは多様性や、変化に対応することが求められる時代です。これからの社会では、「言われたことを、黙々とやる」だけでなく、別のプラスの能力が必要になってくるでしょう。

これからの時代に必要とされる「プラスの能力」とは何か。

その一つは、「嫌い」を大事にする能力ではないかと思います。いうなれば「非協調性」でしょうか。

ただ周囲に同調するのではなく、自分ならではの考え、判断をもつ。

「嫌い」と言いづらい、みんなに合わせるべきという同調圧力がある中で、どう自分を生かしていくか、どのように自分の人生を構築していくのか、自分で考え、選択する力も身につける必要があると思うのです。

そもそも日本では協調性が求められますが、欧米では、オリジナリティが重要視されます。非協調性というと、何が何でも反対するようなイメージがありますが、オリジナリティ、新機軸を打ち出すための最初の一歩と考えてみてはどうでしょう。

スキルとしての非協調性。同調、協調から始めるのではなく、試みとして非協調から始めてみるわけです。

同調と自己犠牲によって、和を保とうすることは、自分を大切にすることにはなりません。

いい人は収入が低い

「嫌い」を言えない人は、「利己的」と思われたくない、「いい人」が多いと思います。ですが、「いい人」にはちょっとショッキングな研究があります。

「お人よしのいい人ほど収入が少なくなる」という研究です。

これはアメリカのコーネル大学、ベス・A・リビングストーン（Beth A. Livingston）、ノートルダム大学、ティモシー・A・ジャッジ（Timothy A. Judge）、カナダのウェスタン・オンタリオ大学、チャーリス・ハースト（Charles Hurst）による研究で、約９０００人を対象に、協調性のテストと収入を調べた結果、協調性が高いほど収入が低いことが導かれました。

研究では、協調性には「信頼性＝trust」、「率直さ＝straightforwardness」、「迎合性＝compliance」、「利他主義＝altruism」、「謙虚＝modesty」、「優しさ＝tender-mindedness」の六つがあるとして、これらを備えている人は収入が低くなりやすいことがわかったのです。さらに協調性の高い被験者が、最も管理職になれないという結果が出たのです。

もちろん、収入が高いから幸せであるとは限らないでしょう。しかし、協調性があるために、そこに付け入られ、人から搾取されてしまうということが世の中では起きているということは知っておいてもよいと思います。

だからといって「利己的であれ」と言うわけではありません。自分だけが幸福になるということには無理があります。自分が幸せだと思っても、家族や友人、仕事や趣味の仲間、親しい知人が不幸では、その幸せにも限りがあります。人が人の中で生きていく上で、完全に、利己的に生きるというのは不可能です。要するに利己的というのも程度の問題で、特に「利他的」を尊び、「同調圧力」の強い日本では、うまく「嫌い」を使って、いささか「利己的」に考えることで、自分を守るように行動するのも一つの方法だと思うのです。

自分の心身は自分で守る意識をもつ。そのためにも、まず「利己的」に、自分の幸福を大事にするということを意識してみてはどうでしょう。

そして利己的になり、もしくは自分を優先しながら、所属する集団の利益も最大化する方法を考えるのです。

そのためには、「嫌い」を知り、できることとできないことを見極めて、「できることは全力でやりますが、これは自分にはできない」と、自分の「嫌い=できない」を発信する力も身につけていくことが必要です。

「利他的」というのは、ある意味では自己犠牲の上に成り立つことです。それを続けることで、本当に自分が犠牲になってしまうことがあります。頼まれることを何でも聞いていて、結局、何もかも中途半端になってしまっている人がいますが、本人は、利他的であるとか自己犠牲などと思わずに、ただただ、断れないだけの場合もあります。

「利己的」の自由も認め、他の利益も最大化できるようなバランスを保つスキルをもっている人こそ、強く生き残っていける人なのではないでしょうか。

天才を育てるには、「好き」より「嫌い」を言える環境をつくる

日本では、自分の時間を優先して、皆と歩調を合わせられない人は、変わった人、あるいは協調性がない、大人げない、さらには身勝手な人と思われてしまうかもしれません。

しかし、自分のために時間を使うことは、自分の才能を伸ばす上ではとても大切です。自分の時間は、自分を磨くための「インプット」に欠かせないものだからです。

自分の時間というのは、自由に自分の好きなことに費やせますから、一見不要と思われるようなことでも「インプット」できます。知識やスキルの幅が養える時間、沈思黙考、思考を鍛える時間と言えるでしょう。


その時間が才能を育みます。

しばしば、日本ではスティーブ・ジョブズのような天才が現れないと言われますが、そ

れもやむを得ないことなのかもしれません。スティーブ・ジョブズの子供時代は、授業でも何でも興味がもてないと、やりたがらず、すぐにいたずらをするという手のかかる子供でした。

スティーブ・ジョブズが日本で育ったら、「問題のある子」「難しい子」として扱われ、同調することを強いられ、結果、才能を発揮することができなかったかもしれません。

成長段階では、好き嫌いにかかわらずいろいろなことに挑戦させることの意義は大きいでしょう。特に、小学校・中学校で学習する勉強は、学ぶ力の基礎体力のようなものです。その後で好きな学問を見つけ、才能を伸ばす上でも、特に義務教育で身につけた学習習慣や基礎学力は土台となるものです。ですから、ある程度のレベルまでは嫌いだな、辛いなという感情を上手に転換しながら、嫌いなことにも取り組む必要性について、私は否定するわけではありません。

しかし、あるレベルを超えた後、もしくは、天才を育てるという場合には、好きなことだけをやらせて、嫌いなことをやらないことに有効性があることも認めてほしいと思うのです。そのためには、子供が、安心して「これは嫌いだ」と言える環境をつくり、周囲の大人が、それに気付いてあげられるかどうかが重要です。そして、子供の時間を認めて、子供に好きなことをさせてあげてほしいと思います。

本当の天才を育てるためには、好きなことに没頭できる環境をつくり、何が好きで、何が嫌いなのかを把握し、「好き」を大事にするのと同じくらい、「嫌い」という気持ちを大事にするべきなのです。

「嫌い」の中に、ビジネスチャンスがある

嫌いなことに、どこまで向き合えるかというのは、心のハードルがあるでしょう。忍耐にも限度がありますし、人間の身体が耐えられる条件はあるので、無駄な忍耐はすべきではないと思います。必ずしも忍耐が全部無駄だというわけではありませんが、その忍耐に意味はあるのか再考してみるほうがよいでしょう。

生きていれば必ず嫌なことに直面します。

そこで、その「嫌い」をそのまま放置、あるいは我慢するのではなく、「嫌い」の蓄積から心を守るために、アプローチを変えてみるという方法があります。


一つは、嫌いの「展開と分散」。

例えば、「嫌い」なのは自分だけではないだろうと考え、同じように感じている他の人を探して展開してみます。そのような人を見つけたら、「嫌い」を共有し、ストレスの分散を試みます。「嫌い」を一緒に分析してみる、あるいは愚痴を言い合うだけでもストレスを解消できるでしょう。共感者を探して、嫌いを展開する。そして共有することで分散し、負荷を下げるのです。

それでも駄目なら、本格的に専門家に相談することも選択肢としてお勧めです。


もう一つは「転換」です。

「嫌い」を解決、もしくは排除できれば、他の人にも役立ち、感謝されるはずです。そのために「嫌い」を分析し理解を深めましょう。

嫌いから何かを生み出す、「発明」の発想です。発明は、「あったらいいな」だけでなく、「不便」「不快」などの「嫌い」を解消するところに多くのヒントがあります。

その「嫌い」を解決することは大きなビジネスにつながる可能性があり、「嫌い」が「飯の種」「宝の山」になるかもしれないという発想の転換をするのです。

古来言われていることでもありますが、人の嫌がることはビジネスのヒントになります。人類の歴史の一面は、「嫌い」を乗り越えるために、文明を進化させてきたとも言えるかもしれません。

嫌なこと、不快なことをなんとかしようとする意識は、個人だけでなく、人間全体にとって大きな進歩の原動力になるのです。実際に、嫌いなことをビジネスに生かしたり、大成功を収めている有名企業はたくさんあります。

嫌いの理由の中には、言葉で説明しづらいものがあります。なんだかわからないけれど、違和感を覚える、不快を感じる、という、言葉で表せない「直感」が嫌いの入り口だからです。

しかし、そこにこそビジネスに生かせる「ヒント」が隠されているかもしれないのです。なぜなら、違和感は人にとって重要な感覚だからです。

そしてあまり人が向き合おうとしない「嫌だ」という感覚に向き合うことで、新たな価値を生み出すことができるのかもしれません。

「理由をうまく説明できない嫌い」にスポットライトを当て、表現するスキルを磨いていくと、新たな自分の発見につながるかもしれません。この違和感を言語化したり、表現したり、改善しようとする行為から、他人が思いつかないようなアイディアを発想できることもあるでしょう。

「嫌い」という直感を信じ、その感覚を客観視し、何らかの形で表現できないか、解決できないかと試みることで、ビジネスチャンスが開けたり、自分の中にある創造性が高まっていくのでしょう。

感情を削ぎ落とし、嫌いの骨格を見つける

「嫌い」の感情はとても強いので、暴走してしまい、物事の本質が見えてこないことも多いでしょう。

だからこそ、嫌いという感情を運用するためには、「なぜそれが嫌いなのか」客観視し、分析しようとする姿勢が必要です。まずは、嫌いの骨格を明らかにしていくことです。

嫌いなことを否定し、何かのせいにして、嫌いのまま放置するのではなく、「その嫌いを自分はどう扱うのか」「ここから学べることはないのか」と、嫌いへの対応を「転換」していくほうがよいはずなのです。

「嫌い」という感情がなくなることはありません。ですから「嫌い」を認めて、分析することで、自分の欠点もわかり、自分の苦手な人や分野に気付き、対策を練ることができる

でしょう。さらに回避する方法を身につけようとします。

そして人付き合いでも、仕事でも、正しい選択をし、自分の力を存分に発揮できる環境をつくることができるはずです。

自分の置かれている状況を客観的に見るのは非常に大変で、ときには苦しい作業ですが、それを可能にするのが、人間の知性です。

自分を客観視する役割は、脳の「前頭前皮質」の「前頭前皮質背外側部（dl-PFC）」が担っています。背外側部は、おおよそ25歳くらいで完成すると言われていますが、客観視する能力を高めるためにはトレーニングの必要があるのです。

「嫌い」を書いて客観視する

では、客観視のトレーニングとは具体的に何をすればよいのでしょうか。

一つは、文字にして書き出すことです。嫌いなことを書き出し、記憶から離して客観視します。

頭の中では、感情の記憶が強く働くため、思考が整理できずに、「嫌い」が増幅し、しまいには「すべてが嫌!!」などと、冷静に分析するということができなくなります。頭の中だけで、「フツフツとした恨みの感じ」や、「メラメラとした憎しみの感じ」が駆け巡るばかりでは解決になりません。

解決しないばかりか、自己嫌悪に陥ってしまうかもしれません。

ですから、まず手書きでも、パソコンでもよいので、嫌いなこと・人を書き出してみましょう。文章になっていなくても、箇条書きでも構いません。「嫌い」の思いを書き出してみることです。

嫌なことを文字にすることで、自分の「嫌だ」という気持ちを、自分から一度離してみるのです。少し引いた目線で見ることにより、新たな視点が生まれてくるでしょう。書き出しただけで、意外に気持ちが楽になることもあるでしょう。

「感情」を文字情報で見るのと、頭の中で思っているのとでは、感じ方が違うはずです。

なぜなら、そもそも文字は、感情や思考という脳の働き＝情報を圧縮する記号ですから、文字にすることで情報の処理も速くなり、分析もしやすくなるのです。

書き出すことで、「感情」は処理しやすい記号情報となり、方策が検討できるようになりますし、書き出して、なぜ嫌いなのかを冷静に見つめることで、本当の嫌いが別に見つかるかもしれません。

「岡目八目」と言いますが、客観視の力を身につけて、第三者になったつもりで、「嫌い」の理由を見つめてみてください。

「嫌い」を知ることは、己を知ること

「嫌い」はネガティブな感情で、まさに嫌悪感をもってしまいがちですが、自分の中に芽生えてきた大切な感情であり、大事な機能でもあります、何より根絶できません。

「嫌い」はとてもパワーを必要とする感情ですから、それだけに反動も大きい。振り回されないための第一歩は、嫌いを認めることです。ネガティブな感情でも、もつことは自然

なことであり、生きる上でメリットになる、そして周囲の人にもメリットがあると捉えてみてください。

嫌いなことは、嫌いだと認め、程よく嫌えばよいのです。

そして、「嫌い」を肯定し、突き詰めていくと、それは「己を知る」ことにつながります。

何かが嫌いで、どうあがいても嫌いの感情を払拭できず、モヤモヤした気持ちを抱えているなら、ぜひそのモヤモヤを無理に捨てようとしないでください。

何かを嫌いということがわかっている時点で、「己を知る」ことに対し、すでに一歩を踏み出しているのです。

「自分が嫌い」という人もいるでしょう。けれども、自分を卑下しているだけでは、心身ともによいことはありません。

なぜ嫌いなのかを考えながら、その「嫌い」という気持ちを大切に扱うことで、自己肯定感を高めていけるはずなのです。

ネガティブ感情は強力なパワーになる

ポジティブに考えることの重要性はよく語られますが、嫌いな人や嫌いなことを無理に好きになろうと努力をしても、実際にはうまくいかないものです。

もし努力をするなら、ネガティブな感情を上手に活用したほうが、よい結果が出ることも多いのです。なぜなら、前述したように、嫌いは好きよりも強く、大きなパワーをもっているからです。

「大嫌いなあの人には絶対に負けたくない」「この環境から絶対に抜け出してやる」というネガティブ感情は、努力をするための大きく強いモチベーションにもなるでしょう。

もちろん、使い方を間違えると、妬みとなり、「相手を貶めてでも…」「卑怯な手段を使ってでも…」と誤った方向に意識が向いてしまうので注意は必要です。

しかし、前述した秋元康さんのように、嫌いな人がいる場合、嫌いな人だということは認めながら「どこが嫌いなんだろう」「何ができるだろう」と気持ちを切り替えることこそ、ネガティブ感情の有効な使い方だと思います。

嫌いな仕事も、ただその感情に蓋を閉じて、黙々と取り組むのではなく、「自分にとって苦手な作業だ」と認める。そして、自分がどうしてもやらなければならない仕事なのか、その仕事を避けたり、他の誰かにお願いしたりできるのかを考えてみる。

もし、どうしても自分がやらなければならない場合は、自分なりに作業効率化を考え、さまざまな工夫を試みる。

それでも、どうしても嫌なら、異動や転職を考えることも選択肢の一つです。

「嫌い」の理由を明確にし、それをどう扱えば、もっと自分が幸せになれるのか、矢印を自分に向けて考えてみましょう。

「嫌い」というネガティブな感情にとらわれることなく、それをうまく運用しながら、自分の幸せを引き寄せようと、少し広い視野からその感情を見つめることで、人生も好転していくのではないでしょうか。

第四章 嫌いな人との付き合い方

誰かを嫌うということ

自分の信念を貫くためには、嫌うことも、嫌われることもやむを得ないのですが、そうと割り切れない人もいるでしょう。

やはり、他人とのトラブルは避けたいし、誰も嫌わず、誰にも嫌われず、誰も傷つけず、誰からも傷つけられず、できるだけ穏やかに過ごしたいと思っている人が多いのも事実ではないでしょうか。

とはいえ、どこの世界にも自分とは合わない人がいます。人を嫌うことは、好きになることと同じくらい自然な感情であり、どんなに努力をしても嫌われてしまうことはあるのです。

そして、そうした感情が起きてしまうことの裏には、相応の機能があることはすでに述べたとおりです。

なぜ、誰かを嫌うことは辛く、ストレスを感じてしまうものなのでしょうか。

それは、嫌ってはいけないという先入観がある、もしくは、嫌ってはいけない関係性があるからでしょう。

もし、嫌ってしまう相手がライバル会社に所属しているなど、相手と自分の関係が、敵、味方に分けられる場合は、嫌うことに心理的な負担は少なくなるでしょう。世間的に非難されることをしてしまった人に嫌悪感をもつ場合も同様です。なぜならこの人を嫌ってもよいという大義名分を与えられるからです。


辛いのは、仲よくすべきと言われるような関係性の中で、「どうしても合わない」「どうしても嫌いだ」という感情が湧き上がってしまう場合です。理由はともあれ、仲よくあるべきとされるときに、嫌いなのだという感情がストレスとなるのです。

家族であったり、少人数のプロジェクトチームだったり、趣味のグループだったり。要するに「一緒に力を合わせるべき」「一緒に楽しむべき」ということが求められる関係の仲が最も悩ましいのです。

はっきり言いましょう。関係性はどうあれ、嫌いな人は嫌いなのです。どんなに頑張っても、嫌いになってしまうときは嫌いになってしまうのです。そして、嫌いな人との関係性をどうするかは、あなたの自由です。そして、嫌いの種類によってさまざまな選択肢があるのです。

だから、あなたの好きなように、適切に嫌えばよいのです。

嫌いと認め、なぜ嫌いか考察し、自分の人生にどう生かすのか考える、つまり、「嫌いを運用する」という選択肢をもつことが、賢く生きる知恵でもあるのです。

「嫌い」のエネルギーを有効利用

嫌いな人がいるときに、「あの人は嫌いだから見たくない、いなくなってほしい」と拒絶したり、相手の足を引っ張ることにエネルギーを注ぐ人と、「あの人には、絶対負けたくない。必ず勝ちたい」と言って、自分の力を高めることにエネルギーを注げる人と、どちらが賢く、どちらが自分をよりよい方向にもっていけるでしょうか。聞くまでもないかもしれませんね。

面白い研究があります。温暖化が進むと、人は攻撃的になるというものです。

もしその通りになると仮定すると、攻撃的な人や、攻撃されてストレスを感じる人が増えるだけでなく、「攻撃的な気持ちになってしまう自分を嫌いになってしまう人」も増えるでしょう。

つまり、嫌いな感情を上手に扱い、自分を傷つけず、他人も傷つけず、上手に困難な時代を渡り歩ける人と、そうでない人に分かれるのです。

先の研究がもし正しいなら温暖化で、ますます「嫌い」の運用が必要な時代になるかもしれません。

「嫌い」を使いこなせる人は、その感情を無駄にしない人です。無理に好きになろうとしても、人は嫌いなものは嫌いだと、条件反射で相手のことを拒絶してしまうものです。だから、「ネチネチ嫌わない」、でも「あえて好きになろうとしない」というスタンスを取ればいいのです。

そして「嫌い」を認め、なぜ嫌いなのか、客観的に考え、嫌いな理由を分析してみましょう。

・高圧的な態度の上司が怖くて、会社に行くのが辛い。
・人を見下したような態度の取引先が本当に嫌だ。
・自分のほうが仕事の成績がよいのに、上司に気に入られている同僚が妬ましい。
・自分も怠けものだが、部下がダラダラしていると余計に苛立ちを覚える。

など、嫌いな理由が見えてくるでしょう。「嫌い」の理由が明確になれば、その感情をどう捉え、どう向き合えばよいのかもわかるはずです。

ここからは、嫌いなタイプ別に、どう適切に嫌いながら対処するとよいのか、嫌うときの留意点も含め、考察していきたいと思います。

自分を攻撃してくる人が嫌い

ここでは、パワハラ、セクハラといった直接的な危害を与える人だけでなく、陰で悪口を言ったり、人の弱みに付け込んだり、自分を見下す態度を取る、不安感をあおるような態度を取るなど、自分が嫌がる行為をする人も含めて、「自分を攻撃する人」と捉えてみます。

自分が嫌な行為をしてくる人を嫌いになるのは当然なことです。「直感」は無視してよいものではありません。「嫌い」という「直感」を覚えたら、できるだけその人の近くにいる頻度を下げるほうがよいと思います。

しかし、どうしても自分が嫌がることをしてくる相手と接する頻度を下げられない場合は、いかに自分への攻撃を減らすことができるのか、自分が抱えるストレスをいかに減少できるのか、ということがポイントになるでしょう。

例えば職場が一緒であるなど、距離の近い人となんとかうまくやっていくには、ちょっとした小技が物を言うこともあります。

自分を攻撃する人の対処法

まず、なぜその人は、自分が嫌がる行為をするのか考えます。

相手が自分を攻撃することに対し、何らかの大義名分をもっているとしたら、その内容について、どうすればよくなるのか、直接相手にアドバイスを求めるという方法があります。

例えば、「仕事が遅い、無能だと言って、文句を言う」「態度が反抗的だ（もしくは消極的だ）と決めつけて叱責する」「男にこびへつらう態度が気に入らないと難癖をつける」など、何か理由をつけて攻撃してくる場合には、直接その相手に「どうしたらよくなるでしょう」と相談してみるのです。

直接アドバイスを求めるなんて、かなり難しい解決策に思えるかもしれません。

しかし、これは脳科学的にも有効な方法です。

人間は誰しも「自分は正しい」と思いたい欲求をもっています。脳には、自分の行動を監視する回路があり、自分の言動が正しくないと判断すると、不快を感じるようになっています。

それなのに、人間はときに正しくない行動を取ってしまうことがあります。このとき、自分の正しくない行動に対して、脳は正当化しようと働き、自分は正しいと思い込もうとするのです。

いじめについても、「いじめられる原因は相手にある」と思い込んでいるので、「馬鹿だ」「ゴミだ」など、単なる人格攻撃をしているにもかかわらず、「自分は正しいことをしている。相手は攻撃されてしかるべきだ」と自分を正当化し、その結果、脳からはドーパミンが出て、不快感ではなく、快感を覚えるようになるのです。

ですから、自分を攻撃する相手も「自分が正しい」、もしくは「攻撃される原因は相手にある」と思っている可能性が高いため、「あなたの言っていることは単なる人格否定であり、間違っている」と言ったところで、聞く耳をもってくれないかもしれません。

そこで、アドバイスを求めるのです。

アドバイスを求められた相手は、自分のアドバイスが役に立ち、相手に感謝されることを期待します。

脳には、誰かから感謝されたり、褒められたりといった「社会的報酬」が得られると、ドーパミンが大量に分泌し、快感を覚えるという性質があります。そして、この社会的報酬による快感は、性欲、食欲などさまざまな快感の中でも非常に強いことがわかっています。

ですから、アドバイスをし、感謝をされ、「自分のアドバイスが役に立った。自分は正しいことをした」という快感を味わわせると、それ以上の攻撃を続ける目的がなくなるのです。

自分を攻撃する相手は、褒めて心理的に依存させる

攻撃してくる相手が自分に頼らざるを得ない状況をつくってしまうという方法もあります。

自分に頼らざるを得ない状況とは、相手が頼らざるを得ないような高度なスキルや、広い人脈をもつということももちろん有効ですが、「心理的に頼らせる」という方法もあります。

そもそも他人を攻撃する人というのは、大方の場合、自己評価が低いのです。

ですから、とにかくその人を褒めて、その人のいいところも悪いところも認める姿勢を見せるのです。

自己評価が低い人は、自分を認めてくれる人を好み、依存する傾向があるので、とにかく褒めまくることで、相手に「自分をわかってくれる人」と印象づけるのです。これを継続することで、「自分をわかってくれる人はこの人しかいない」と感じさせ、心理的に依存させるという方法があります。

これはホストの人などが、自分の好みでもない女性を、褒めて、いわゆる太客（お金をたくさん使ってくれるお客）にしてしまう方法にも通じます。

とはいえ、嫌いな相手に対して実行するにはなかなかストレスフルですし、本当にそこまでして付き合わなければいけない人なのかということを一考してから取り組んだほうがよいとは思いますが、一つの方法として知っておくのは有効でしょう。

悪いことが起こりそうな予感がする人が嫌い

味方しているように見せかけているけれど、なんとなく裏切りそうな気がする人、なんとなく自分がだまされそうな予感のする人、仲よくしていたら支配してきそうな人、情報や財産、恋人など、自分から何かを盗もうとしているのではないかと不安を感じさせる人など、将来的に自分に不利益がかかりそうな予感がする人に対して、「嫌い」という感情が芽生える場合があります。

今は直接的な被害はないけれど、なんとなく一緒にいるのが不安だ…。そんな心の声は、無視せず、きちんと受け止めた方がいいかもしれません。なぜなら、そのほうが安全だからです。わざわざ自分の脳が警告を出し、「嫌だ」という気持ちを感じているのに。その気持ちを殺してまで付き合う相手なのかというのは冷静に見極めたほうがよいでしょう。

確かに、コミュニケーション不足だけが原因でなんとなく嫌いという場合もあるでしょう。そんなとき、関わりを増やすことで、「嫌い」の感情が薄らぎ、苦手意識が克服できることもあります。

初対面の印象は悪かったが、よく話をしてみると、互いに共通の話題が多かったり、違いがあったりしても、互いにリスペクトできる部分が多く、その後、親友になったということもよくある話です。


ただし、「嫌いだ」という直感を無視し、「嫌い」を克服するために、無理をしながら表面上は仲よく過ごしたとしましょう。しばらくの間はうまくいっても、結局、「最初の『なんとなく嫌い』という直感は当たっていたなあ、やっぱり合わないな」と気づき、結局付き合いをやめたというケースも少なくないように思います。

わざわざ時間をかけて頑張って苦手意識がある人と仲よくしたということは、ある種の達成感をもたらしますが、その時間、ストレスを感じずに、もっと有意義に過ごすこともできたかもしれません。

嫌いだなと思った人とも絶対に仲よくしなくてはならないのか、本当に近づくことがいいことか、自分の中で検討し、見極めることも大切だと思います、
特に、何を調整しても、話し合っても、どうしても嫌いと感じる人とは、早めに距離をおいたほうがよいこともあります。

直感を無視して、無理をして付き合い、不安が的中した場合、本当に支配されてしまったり、「嫌い」が憎悪に変わってしまったり、互いの話し合いでは折り合いがつかないからといって周囲を巻き込んだりすることにもなりかねないからです。

もちろん、いくら嫌いでも毎日顔を合わせて一緒に仕事をしなくてはいけないような場合は、相手に対する自分の捉え方を変えることで関係性を悪くしないように努力するという方法はあるでしょう。

ただし、フリーランスの人など、相手が選べる状態であれば、わざわざそこに労力を割くことは得策ではないという、状況も少なくないでしょう。好きな人を選んで仕事をすることが可能な環境があるのであれば、誰と仕事をするのか、自分の頭でよく考えて自分の

ために選択肢を選んでよいのです。

この世の中の人をすべて好きになることは不可能です。ですから、「今は何も実害を加えられてはいないのだから、嫌ってはいけない」などと、罪悪感をもつ必要もないのです。「ああ、やっぱりこの人は好きになれない」と受け止める。そして、自分もこうやって危害を与えなくても嫌悪感をもたれることもある。そういうものだと、「嫌い」の感情をかみしめながら、憎まず、怖がらず、さくっと程よく嫌うことが、よい付き合い方だと思います。

自分に似ている人が嫌い

ふと、自分がどんな人が嫌いかと考えたとき、

- **弁解が多い人**
- **向上心がない人**
- **整理整頓ができない人**

・自分に自信がない人

そんな人が出てきたとします。

「嫌いな人」の嫌いな理由を深く見つめてみると、自分自身の嫌いな部分と同じであることに気がつくことがあります。

私たちには、危害を与えてくる人を嫌う一方で、「自分の嫌な面と同じ嫌な面をもっている人を見ると、その人に対する嫌悪感をもつ」という傾向もあるのです。

嫌いの感情の一部は、自己嫌悪と表裏一体であると言えるでしょう。

「自己嫌悪」については第六章で詳しく述べることにしますが、ここでは、自分と似ている人が嫌いな理由を考察してみます。

なぜ自分と似ている人を嫌うのか？

誰でも「自分の欠点」を指摘されると嫌なものです。ところが、相手の中に「認めたくない自分の欠点」を見つけると、主に、以下の2つの心の動きがおこります。一つは、そその人と会うたびに、自分の欠点を見ているような気になってしまうということ。

するとし、それを見たくないという思いが強くなり、その相手を避けたいと思うようになり、ひいては嫌いになるのです。

つまり、自分の中にある欠点を許せないから、同様の欠点をもつ相手を許せないのです。この「自分の中にある欠点を許す」ということは、実は、我々の深層意識の世界に関わる、深く難しい課題であり、容易なことではありません。しかし、こうした心の機微も、理解しておく必要があると思います。

もう一つは、自分と同じような欠点があるのに、なぜこの人は罰を受けないのだ、という妬みと、それをこじらせた恨みです。

特に近しい人に対して、この自己嫌悪からくる「嫌い」を強く感じてしまうのが厄介なところです。

関係の遠い人であれば、「私にもそういう部分がある。そういうこともあるよね」と軽く受け入れられることもありますが、我が子の欠点が自分の嫌いなところに似てしまうと、許しがたいのです。

自分の怠け癖が嫌いな人は、自分の子供がダラダラと怠けていると余計にイライラしたりします。

小さい嘘をつくところが嫌い、すぐに異性に頼ろうとするところが嫌い、すぐに諦めてしまうところが嫌いなど、自分の直したくても直せない嫌な面を子供が引き継いでいると、それを受け入れられず、感情的に叱ってしまうことがあります。

そんなときこそ、「これは自己嫌悪なのだ、同族嫌悪なのだ」と、客観的に考えることで、少しは気持ちが楽になるはずです。

ただし、自分で自分の嫌いな面に気付いている場合はよいのですが、気付いていない、もしくは自分の嫌いな点を心の奥にしまっている場合、嫌いの原因が「自己嫌悪の裏返し」であることさえ気がつかず、相手を嫌っている場合があります。

ですから、「嫌いな人」に出会ったとき、その人の「嫌な部分」が、自分の中にもあるのではないかと考えてみることが一つの方法です。

そして、前述した秋元康さんがよい例ですが、嫌いな相手は自分の言動を見直すために役立つ人と捉え直してみるのです。

自分の嫌いな人が自分に似ているとわかったら、これは自分の欠点を受け入れる練習だという視点をもってみるとよいのではないでしょうか。

「あの人と自分には、同じような欠点はあるけれど、相手にも自分にもこういうよさもあるし、こうすればもっとよい」、など、いろいろな発見もあるでしょう。

自分に似ている人が嫌いだなと思ったときが、自分を変えるよいタイミングです。それが自分の殻を破るトリガーになるかもしれませんし、自分に寛容になるきっかけになるかもしれません。

ずるい人が嫌い

ルールを守らない人、嘘をつく人、人を見て態度を変える人、グループで仕事をするときに、まっさきに楽なポジションにつく人、自分の効率化を図って、その分のしわ寄せが他の人にいくことに気づかない人（手抜きする人）、弁解が多い人……。こうしたいわゆる「ずるい人」を嫌い、許せないと思ってしまいます。

自分は我慢しているのに、あの人は我慢せず、好き勝手しているから嫌いだ。あの人が好き勝手することによって、自分が不利益を被ることは、どうしても許せないという気持ちもまた、自然な感情と言えるでしょう。

しかし、自分と違う人格の相手が、自分と違う行動を選択するということもまた自然なことです。

相手がルールを守らないとしても、自分とは関係ないと割り切ればよいはずです。また、自分が相手を指摘することで恨みを買い、リベンジされるかもしれません。

しかし、なぜかずるい人には、嫌いという感情だけでなく、罰を与えてやりたいと思うほど、許せないという気持ちが強くなることがあります。

拙著『ヒトは〝いじめ〟をやめられない』にも詳しく書きましたが、ずるい人に対して、なぜ、人は敏感に反応するのか、そのメカニズムを解説したいと思います。

肉体的に脆弱であったヒトは、社会集団をつくり、協力的行動を取ることによって、肉体的な不完全さを補って、種を残してきました。

そして、この社会集団を脅かすものは、肉体的に強く大きな外敵ではなく、内部から集団を破壊する「フリーライダー」の存在です。フリーライダーとは、タダ乗りをする人、すなわち「協力的行動を取らない人」「ずるい人」「裏切り者」です。

このずるい人を野放しにしていると、集団は機能しなくなり、崩壊してしまいます。

集団行動に協力しないにもかかわらず集団に属すことのメリットを享受する人、つまりフリーライドが認められると、集団の他の人たちも次第に協力しなくなってしまうからです。

そこで、ずるい人を見つけた場合には、非常に強い嫌悪感が生まれます。そしてその人に対し制裁行動を起こし、排除しようとするのです。つまり、ヒトにはそもそも集団を維持するためにそうした機能が備えられたという考え方ができるのです。実際に制裁行動は、集団にはほぼ必ず起こるものです。しかしそれが行きすぎてしまい、ネットの炎上やいじめにつながってしまうことがあります。

ですから、集団をつくれば、ずるい人を発見し、その人を排除したい、制裁を加えたいという気持ちが生じてしまいやすいものだということを意識しておくことが大切です。

異質な人が嫌い

コロナ禍で、「世代間の断絶」「差別意識」が起きているという意見があります。しかし、「世代間の断絶」や「差別意識」は今に限った問題ではありません。

異質なものを排除したいという感情は、人間社会においては常に起こっている圧力なのです。

この圧力が「集団バイアス」です。人は集団になると必ず集団バイアスが生じます。

そして自分の所属する集団に対しては、自分の所属していない集団よりも好意的に行動する行動のことを「内集団バイアス」と呼びます。

また、自分と異なるグループの人間はみんな同じに見え、ひとくくりにしてしまうのが「外集団同質性バイアス」です。

例えば、新型コロナウイルスの感染拡大防止策を巡り、若者全般の行動を非難し、自制するよう求める声が上がりました。

若い人にも慎重に行動している人もいます。にもかかわらず、すべてひとくくりにして「若者がウイルスをまき散らしている」などと、科学的根拠もなく、若年層にその攻撃の矛先を向ける人も多く見受けられました。これが「外集団同質性バイアス」です。

集団バイアスがもたらすデメリットは、前述した「ずるい人」に対する反応のように、自分たちと違う人、異質な人を嫌悪し、自分が属す集団内において「制裁」「排除」の論理が働くようになることです。

そして、自分が属さない集団に対する敵対心も生じやすくなります。集団の中で共通の敵対心をもつことによって、集団の結束力がより強くなるからです。

さらにコロナ禍のように、人々の不安が大きくなればなるほど、心の安定を保とうとするため、排除・制裁への意識も高まります。それは新型コロナウイルスの感染原因やその後の対応についての激しい米中対立がよい例でしょう。

戦うべき相手、憎むべき相手は、自分と違う集団ではなく、ウイルスなのです。

一人ひとりが互いに協力し合い、つながり合うことでしか、乗り越えられない大きな課題に直面しているにもかかわらず、世代間が非難し合う、国同士が「悪いのはおまえだ」と原因をなすりつけ、排除しようとする点……。

社会的不安が増大することで起こる集団バイアスの危うさ、また、この集団バイアスが利用されたときの恐ろしさを感じずにはいられません。

アメリカで行われた「青シャツと黄シャツ」と俗に呼ばれる実験があります。

6～9歳の白人の子供を集め、無作為に青いシャツを着るグループと黄色いシャツを着るグループに分けました。

そして、毎日それぞれの子供たちに、どちらかのグループに属していることを意識させるようにしたのです。例えば、名前を呼ぶときに「青シャツグループのロバート君」と呼びかけたり、二つのグループに同じテストを受けさせ、それぞれのグループの平均点を知らせたりしたのです。1か月経つと、興味深い反応が確認されました。

「黄色いシャツのグループと青いシャツのグループで競争すると、どちらが勝つか」と質問すると、67％の子供が「自分のグループが勝つ」と答えたのです。

また、グループ替えをするなら、どちらのグループに入ってみたいかという質問をすると、8割以上の子供が「今のグループがよい」と答えました。

こうした身びいきも「内集団バイアス」です。つまり、見た目や世代や国籍に違いがなくとも、きっかけがあれば容易にバイアスが生じ、嫌悪や差別が起こるものなのです。

コロナ禍で強くなる集団バイアス

集団バイアスの恐ろしいところは、根拠なく、「自分たちのほうが他の集団よりも優秀だ」と思うようになることです。

集団に所属すると、同じ集団の仲間は、他の集団の人よりもよい人であり、他のグループの人は自分たちよりも劣等な人たちであるという内集団バイアスをもってしまうのです。

しかも、自己評価が低いときほど、こうしたバイアスが強くなります。自己評価の低さを、自分が所属する集団の評価を高めることで解消しようとしてしまうのです。

自己評価は本来、心理的な尺度ですが、それが数値で表れる尺度としてわかりやすいのは、所得が低くなるときです。

不況などで社会全体の所得が下がると、自分自身の責任でないにもかかわらず自信がなくなり、自己評価も低くなります。

下がった自己評価を埋め合わせるために「自分の属している集団は優秀に違いない」と、

根拠なく下駄を履かせようとするのです。

歴史を振り返ってみても、不況で国民の集団バイアスが強くなったとき、その圧力が政治的に利用され、他国との戦争が引き起こされたということが繰り返されています。

ですから、経済が落ち込み、集団バイアスが強くなるときは、非常に危ない状況なのです。


コロナ禍のような、世界的な感染症が拡大したときにも、同じような現象が起こりやすくなります。不況と同様、コロナ禍も感染症が原因であり、決して自分たちの努力の足りなさが原因ではないため、自信を失う必要はないはずなのに、実際の問題として所得が減ってしまい、自己肯定感が下がり、大きな不安を抱えている人も多いでしょう。こうした心理的なネガティブ要因により、世の中がおかしな動きになっていかないでほしいと祈るような気持ちになります。

不況や疫病で社会不安が広がり、集団バイアスが強くなってきたときには、「あいつらが嫌いだ」「あいつらのせいだ」と、嫌いの感情を誰かに向けるのではなく、「自分が嫌いなのはお金のない状態なのだ」「その原因は他人ではなく、ウイルスなのだ」と嫌いの骨格をしっかり見定めることが大切です。

また自分以外の集団を非難したくなった場合には、こういう状況下では、こうしたネガティブな感情が生じやすいのだという冷静な視点が求められるのです。

近い条件をもっているのに違うと嫌悪感が増大する

もう一つ、人間の性質として、「近い条件なのに違う」ということが、最も相手を許せなくなるポイントであることも覚えておくとよいでしょう。

「なぜA部長とB部長は同期なのに、あんなに仲が悪いのだろう」と、会社の中で不思議に思ったことはありませんか？

「同じ業界のあの会社だけが本当に嫌い」「同じエリアのあの店舗には負けたくない」年の離れた先輩とはうまくいくのに、「同姓で年齢も近い先輩（もしくは同期）から目の敵にされている」という経験もあるのではないでしょうか。

例えば、ワールドカップのときなど、南米の国同士の対戦になると、会場中が緊張感に包まれ、互いに嫌悪感むき出しでヤジを飛ばし合い、相手国のミスや敗戦に狂喜乱舞することに違和感をもった方もいるのではないでしょうか。

同じ南米なのに？

むしろ、同じ南米だからこそ、強い敵意をもってしまうのです。

ヨーロッパの隣国同士、ドイツとフランスもしかりです。

国家同士の間柄というのは、距離が近く、したがって地理的、歴史的条件が近いのに、現状が違うというところに「嫌い」の条件が揃ってしまい、攻撃心が掻き立てられます。

こうした傾向についても知っておくことで、少し気持ちが楽になり、「嫌い」の感情を上手に運用する方向に思考を転換できるのではないでしょうか。

そもそも同じコミュニティにいない場合や、ライバル関係にある場合は、徹底的に「嫌い」という感情を利用して、自分のモチベーションに変えるという方法もあります。

スポーツでは、それが勝利への執着心となり、日々の練習への原動力となるでしょう。

仕事上であれば、相手よりもよい新商品を開発し、完全に負かしてやるとか、相手よりも強力な仲間を増やし、相手よりも有利に仕事を進めるなど、「嫌い」という感情をモチベーションにすることで、結果として自分の仕事の質を上げることにもなります。

妬ましくて、嫌い

どうしても自分と相手の間に不公平感を感じ、妬みを引きおこす相手を嫌ってしまう場合があります。

そして、不公平感が募ると、妬みの感情が湧き起こります。「妬み」とは自分も手に入れたいけれども、叶わないことや環境などを相手がもっていることに対する不快感のことです。

「妬ましくてたまらない！」と感じるたびに、そんな自分に、嫌悪感や罪悪感すら覚えてしまうこともあるでしょう。こんな感情はなくしてしまいたいと思うこともあるでしょう。

しかし、存在するということは、それだけ重要な感情だということです。「なぜ私は今この感情をもったのだろう」「この感情は大事なものかもしれない」と考え、その気持ちをしっかりかみしめることで、大きな気づきにもつながります。

なぜなら、その妬みの感情の中には、自分が本当に望んでいるものが映っているからです。

妬みの感情を客観的に見ることが、新しい局面を開いてくれる鍵になり、また、自分が人生に求めているものを見つけるきっかけになるかもしれません。

妬みの感情は活用できる

誰かを妬ましいと感じる心は重苦しいものです。

特に妬みは誰かとシェアしにくい感情なため、一人で抱え込んでしまいがちです。

また、その感情があまりにも強い状態で持続してしまうと、健康を害してしまったり、相手に危害を加えたい、貶めてやりたいといった、間違った方向に意識を向かわせてしまうことにもなりかねません。

妬みの感情を暴走させないためにも、その感情をコントロールする方法も身につけておいたほうがよいでしょう。

「妬み」の感情をすっきり解消させる有効な方法の一つとして人間がとりがちなのは、妬みの対象の相手の足を引っ張り、引きずり下ろすことです。しかし、これは短期的にしか有効性が発揮されず、自分に何も残らない、あまりコスパのよくないやり方です。

では、どうしたらよいか。例えば職場に妬みを感じる相手がいたら、「その人よりもよい仕事をして、その人に勝つこと」です。それが、長期的に自分も相手も得をするよい方法と言えるでしょう。

妬ましい相手に勝つためには、まず、「自分はどういう観点でその人に妬みを感じるのか」を自分に問うてみることが肝要です。

自分より重要なポジションについている、収入が高い、容姿が優れている、プレゼンテーションがうまく、顧客に人気がある、仕事は遅いが、誰も思いつかないようなアイディアを思いつく、人の手柄を横取りするのがうまいなど、自分が相手に対して妬みを感じているポイントをリストアップして、明らかにしましょう。

何が妬ましいのか考え、煮詰めることで、本当に自分が欲しいものが何か、よくわかることでしょう。自分に足りないもの、どうしても手に入れたいもののヒントが隠されているかもしれないのです。

頭の中で考えるだけでは、感情だけが暴走することもあります、やはり書き出して、言語化するとよいでしょう。

自分が嫌だと思うポイントが明確になったら、次は「自分がその人よりどうなれば満足できるのか」を考えて整理してみましょう。相手よりも重要なポジションを得ればよいのか、プレゼンテーション力を高めたいのか、それとも相手よりも顧客を増やせればよいのか、「妬みを晴らすゴール」への戦略を立ててみます。

どの観点で相手を超えたいのか、ポイントを明確にし、そこにたどり着く道を探るのです。彼の容姿が妬ましいのか、彼に美しい彼女がいることが妬ましいのか、どちらなのか明確になれば、努力の方向も変わってくるでしょう。超えたいものが自分の中に明確にあれば、必ず「何をすべきか」が見えてくるのです。

不公平を感じる理由は、「情報不足」

不公平を感じてしまうとき、情報不足が大きな原因になっていることも多いものです。

自分と比べ、相手のほうが得をしている、自分がもっていないものを相手だけがもっていると感じているけれど、実際には相手の状況について、それほどよくわかっていないことが多いのです。

自分と誰かを比べたときには、誰かの情報よりも、自分に関する情報量が多いのは当然です。

そして、そもそも何が公平で、何が不公平なのかは客観的に決められるものではありません。

自分は、自身がどれだけたくさんの努力をしたのか、どれだけ大変な状況の中で苦労をしてきたのかをよく知っています。

しかし、相手の努力や、置かれている状況や心境はわからないために、相手のほうが得をしているように見えてしまってもしかたがないのです。

本当は相手もかなり多くの困難を抱え、相当な努力をしているかもしれないのです。その情報をもっていないため、私はこんなに努力しているのに、あの人は（恐らく）大した努力もしていないのに、私よりも重要なポジションを得ている。不公平だと、つい考えてしまうのです。

これはきょうだいなど身近な相手に対しても同じことが起こります、人間の認知の仕組みから、どうしてもそうなりがちなのです。

あの人はコーチから依怙贔屓されていると思っていたけれど、実は幼い頃に両親を交通事故で失くしており、精神的にも経済的にも非常に厳しい環境の中、大変な努力を重ねて自分でここまで才能を磨いてきたといった事情がわかれば、許せないという気持ちはある程度薄らぎ、嫌いという感情も変わってくるでしょう。少なくとも足を引っ張り、引きずり下ろそうという気持ちはなくなるのではないでしょうか。

お金持ちの家庭に生まれた人に対して、貧しい自分よりも恵まれている環境で育っているので妬ましい、と感じてしまう場合も、「経済的に豊かである」以外の情報を集めてみると、必ずしも幸せだとは限らないことがわかるでしょう。

実は養子で、他のきょうだいにすごくいじめられたかもしれません。名家に生まれたばかりに、小さい頃から後継ぎという重圧を背負わされ、結婚相手も決められているなど、相当な不自由を感じながら生きているかもしれません。代々高学歴の家庭に生まれ、優秀な兄と常に比較されて、劣等感に苛まれながら育ち、それでも負けまいとして兄と別の分野で認められようと努力した人なのかもしれません。

また、前述した集団バイアス同様、妬みの感情は、条件が近く、自分がもっていないものを相手がもっていると感じるときに、一番強くなってしまうということが知られています。ですから相手が妬ましいと感じるとき、相手と自分は同じような条件である、お互いに同じような土俵に立っていると思っている場合が多いでしょう。

しかし、私と相手は違う人間であり、違う人生の目的をもち、バックグラウンドもよくよく考えたらまったく違っていたということも必ずあるはずです。

誰かに妬みを感じたら、自分が何に対し妬みを感じているのかをよく見つめなおし、そして相手についての情報量を増やし、その情報の精度を高めることで、「自分が本当に欲しいもの」と「その人を嫌う意味」とを分けて考えることができるでしょう。

妬まれたり、嫌われたりしたら自己の情報を開示する

妬みに限らず、コミュニケーション不足によって「嫌い」の感情が起きているのであれば、情報をより精度よく交換していくことはとても重要です。

ですから、自分が誰かに妬まれている、嫌われているかもしれないと思ったら、積極的に自分の情報（できるだけ、苦労したこと努力したことについての情報）を開示するとよいでしょう。お互いにもっと情報量が増えていけば、解消される感情かもしれないからです。

参考になる例は、フリーアナウンサーの田中みな実さんでしょう。

フリー転向後、売れてきた当初は、「ブリっ子であざとい」などと揶揄する人もいましたが、彼女は敢えて自分の苦労や努力や失敗談を開示することによって、好感度を高めることに成功しました。

「不特定多数の人にモテたり、ちやほやされるということに対し、自分はまったく価値を感じない、自分が愛する人ただ一人に愛され、その人と育む愛のほうが大事」とした上で、「自分は失恋ばかりしている」と吐露することで、自分の本当に欲しいものは手に入らず

に辛い思いをしている人、かわいそうな人というイメージを与え、嫌われる対象から好かれる対象になったのです。これは好意を勝ち得る戦略の一つとして、とても上手で賢い方法で、大いに参考になるでしょう。

なんとなく嫌いな人

嫌いの理由が見つからないけれど、「なんとなくあの人が嫌い」という感覚を持て余すこともあるかもしれません。そのときに大切なのは、「嫌っていてもよいのだ」とまずは冷静に考え、開き直ることでしょう。

嫌ってもよいのです。それを自分の欠点と思わなくてもよいのです。

自分の「嫌い」という感情を無視も否定もしない、そういうスタンスこそが自分を受け入れ、自分の心を大切にするということだからです。

「ああ、自分はこんなふうに理由もなく他人を嫌ってしまうのだな」「そうか、自分も理由もなく嫌われることもあるのだな」とただ発見するだけでも価値があります。嫌っても、嫌われても、自分を貶めることなく毎日を過ごすことができるようになります。

もう一つの捉え方として、嫌いな理由ではなく「嫌い」という機能について分析することです。第二章で紹介したように、自分にとって本当に危険になるかもしれない好き嫌いは更新できないかもしれないけれど、好みの問題である好き嫌いは更新できるという性質を思い浮かべるのです。

「眼窩前頭前皮質」の嫌いと、「扁桃体」の嫌いです。

今、嫌いでも後々嫌いではなくなる可能性がある。将来的には更新できる可能性があると考えましょう。

ですから、どうしても嫌いな理由がわからなかったり、どうしても扱いに困るような嫌いがあれば、心の中に、「嫌い」という気持ちを保留するための、一時的な「嫌いボックス」のようなものをつくっておき保管するのもよいでしょう。

嫌いは嫌いのまま放っておくのです。

後で取り出したら、逆に好きになっていたということがあるかもしれないし、嫌いな原因が別のところにあり、違ったアプローチを試みたら、好きになっていた、ということがあるかもしれません。

嫌いと上手に言えるスキルを磨く

好き嫌いを表現するのが難しいのは、自分が嫌われるというリベンジを恐れるからだと述べました。別に嫌われても構わないという人に対しては、たやすく「あなたが嫌いだ」と言えるでしょう。

嫌いを伝えるのが難しいと思う理由はこれ以外にもあります。相手のことを嫌いと言ったら、その相手を傷つけてしまうかもしれないという意識が働くからです。

相手が悲しい気持ちになるかもしれないし、仕事も面倒なことになる、また信頼関係を壊すことになる、だからここは我慢しようなどと考えてしまうのです。しかし、無理に好きになろうとしたのに、ますます嫌いになってしまったということもあります。

一方でとても上手に、さらりと嫌いな気持ちを伝えつつ、それでもみんなから信頼されているという人もいます。そういう人を見るたびに、伝え方によっては相手を嫌な気持ちにさせず、むしろ相手にさわやかに嫌いという気持ちを与えることができることは、大きな救いだな、と思うのです。なぜなら「嫌い」を上手に伝えるスキルを磨くことで、「嫌い」

という感情を大事にするための突破口を見出すことができるからです。

上手な伝え方さえ知っていれば、好悪、好き嫌いの問題というのは、もっと容易に扱うことができるからです。

ことができ、克服し得る課題になるのではないでしょうか。

人気ドラマに学ぶ、嫌いな人への上手な伝え方

自分が嫌いだと思っていると、相手もその気持ちにうすうすは気付いていることが多いものです。

もしかすると「なぜあの人は自分を嫌っているのだろう」等と不信感をもっているかもしれません。そういう態度に気がついたら、思い切って気持ちを伝えるというのも選択肢の一つです。上手な伝え方のポイントは、「人格を責めないこと」、そして、「自分が認めているその人のよさをセットで伝えること」です。

「私はあなたのことそんなに好きではないけれど、的確にクライアントの要望を把握する力は尊敬しています」

「好き嫌いを言えるほど近い関係ではないですけれど、あなたの部下に対する振る舞いを

見て、自分でも取り入れようと思っています」

など、リスペクトする一言があれば、自分の主観の「嫌い」という感情と、その人の人格や仕事ぶりを切り離して語ることができるでしょう。

「半沢直樹」という人気ドラマで、主人公の半沢直樹と犬猿の仲とも言える香川照之さん扮する大和田常務のセリフが印象的でした。半沢に対し、

「私はね、この世で一番おまえのことが嫌いなんだ」と吐き捨てるように言った後、

「だが、バンカーとしての実力だけは認めてやる」

と言い、「頭取のためだ」と言って手を差し出し、タッグを提案します。

前半の、「一番おまえが嫌い」は言いすぎだとしても、「バンカーとしての実力だけは認めてやる」の一言は、バンカーとしての誇りを最も大事にしている半沢にとって、最高の褒め言葉のはずです。そして、共通の目的のため、半沢の力が必要だということを態度で

示しているのです。

こうした言い方は、相手の上辺だけ褒めてこびを売ったり、作り笑いでニコニコして無理に好きなふりをするよりも、ずっと人間として信頼される振る舞いと言えるでしょう。

このセリフを聞いて、「大和田常務のファンになった」といった視聴者も多かったのではないでしょうか。つまり、嫌いの言い方ひとつで、会話を聞いている周囲の人の好感度も上げつつ、相手の力を使うこともできるのです。

もう一人の天敵、片岡愛之助さん演じる、黒崎駿一氏のセリフも大いに参考になります。金融庁の検査官だった彼が国税庁に異動になるとき、

「あなたのことなんか大嫌い！　だから、最後まで、私が大嫌いなあなたでいてちょうだい。半沢次長」と半沢に言ってその場を去ります。


これほど相手に対する敬意に満ちた「嫌い」の伝え方があるでしょうか。

対立する立場にいながらも、互いに国家という巨大な権力に立ち向かったもの同士だか

らこそ出てくる言葉なのでしょう。自分が志半ばで去ることになったとき、これまで何度も対峙してきた半沢に、「嫌い」という言葉とともに自分の思いを託すのです。

その言葉から、黒崎が半沢直樹をどういう人間だと捉えていたかもよくわかります。「決して権力に屈せず、諦めず、やられたらやり返す姿勢を崩さない」その仕事への姿勢が〝嫌い〟であり、そして今はそこに期待を寄せていることも十分に伝わります。

例えば職場でも、嫌いな部下には、**「正直、君のことは気に食わないと思うことがあるけれど、この分野に関する君のスキルは素晴らしい。だから任せたい」**と言ったほうが、無理に迎合するよりもずっとフェアです。仕事におけるドライな信頼関係を保ったまま、それなりの関係として仕事を進めていけるのではないでしょうか。

相手も、無理に気を使い合ったり、主観的な感情の好き嫌いによって職務を限定されるよりも、このようにはっきり伝えてもらったほうが、気持ちをすっきりさせて仕事を進めやすくなるでしょう。

教師が生徒を嫌うとき

仕事柄、特に「好き嫌い」を言えないことがあります。

例えば教師という仕事では、特定の生徒を嫌うことはなかなか許されることではないでしょう。とはいえ教師も人間です。苦手な生徒がいて当然です。それなのに、生徒に対する好き嫌いが出てしまうと、教師失格と言われたり、依怙贔屓していると言われてしまうことがあります。

だから常識的な先生は、嫌いな生徒も他の生徒と同様に、公平に扱おうと考えるでしょう。しかし、「自分は教師だから、全員好きだ」と生徒に言ったところで、今どきの子供は、その言葉をそのまま信じることはないでしょう。

先生でも**「正直、君と僕は反りが合わないかもしれないけれども、君のような人こそ将来、こういう分野でたくさんの人の役に立つ人間になるのかもしれないな」**とさらりと伝えるのもよいかもしれません。

アドバイスを聞いてくれないような子供でも、**「僕のことを嫌いでもいい。僕も君のこ**

とは率直に言うと、あまりかわいいとは思えないんだ。ただ、君の英語力のポテンシャルには目を見張るものがある。だからそこを伸ばしたい。そのためのアドバイスだけは聞いてくれ」と言ってみると、上辺だけを「すごいね」などとおべんちゃらを使ってほめるより、ずっと心に刺さるでしょう。そして、聞く耳をもってくれるかもしれません。

悪口には尾ひれがつき、よりネガティブに伝わる

ただし、「嫌い」は、必ず直接本人に伝えることです。

褒め言葉や好きな気持ちは第三者から伝わることで、より効果的に伝わることがあります。その裏返しで、ネガティブな内容が含まれることは、第三者を通じて伝わるとよりひどく悪意が増幅されて伝わると認識しておきましょう。

不思議なことに、悪口が第三者から伝わるときには、余計な尾ひれがつくものです。誰かが誰かを嫌っているという情報は、他人には面白くてしかたのない、いわば蜜の味なのです。伝える相手と自分との間にきちんと関係性があり、フォローができる間柄でない場合は、必ず直接本人に、丁寧に伝えるようにしましょう。

第五章
家族に対する嫌悪感

家族を嫌うことをやめたい人へ

「家族なのだから仲よくしよう」「親なんだからもっと大事にしないとね」「子供には無償の愛を注ぐべき」と、他人は簡単に言います。しかし、現実はそんなに甘くはありません。家族だから許せない、イライラする、同じ空間に一緒にいるのが辛くて悲しくなるなど、苦しい思いを抱えてしまうのが、むしろ家族とも言えます。

・妻／夫との価値観の違いに喧嘩が絶えず、ほぼ毎日離婚を考える。
・妻を家政婦としか思っていない夫が憎い。
・長男は可愛いのに、次男を愛せない。
・社内外の人の言動は受け流せるが、家族の言動には反応し、ついキレてしまう。
・自分を見下している兄が嫌いだ。
・母親には感謝はしているが、自分の価値観を押し付けてくるのに辟易する。
・自分を絶対に認めようとしない父親が憎い。
・子供時代に親から受けた心の傷が癒えず、今も許せない。

・老いた父を大事にしたいが、身勝手な言動に怒りを抑えられず、苦しい。

家族を愛したいと思いつつも、家族でいることで苦しいほどの憎悪が渦巻き、相手を傷つけてしまうような状況に追い込まれてしまう現実もあるのではないでしょうか。

家族を嫌うことはとても辛く、そんな自分が許せなくてつい自分を責めてしまうこともあるでしょう。

しかし、すべて自分が悪いわけではありません。自分を責める必要はありません。家族だから愛するべき、という呪縛にとらわれ、家族だからこそ永遠に共感し合えないという不条理があります。それを、静かな気持ちで、受け入れることが大事です。

家族は仲よくあるべきという幻想

家族だから仲よくあらねばならないという考え方は、いわば幻想であるかもしれないのです。少なくとも必ず従わねばならない教義などではありません。仲よくあるべきという思考に縛られるからこそ悩むのです。

社会における人間関係の最小組織である家族の仲がよいことは、社会生活を送る上で、機能的に有利であり、便利ではあるでしょう。でも、親子だから、夫婦だからこそ感情がもつれ合い、いがみ合うこともあるのだと、もっと自由な思考をもってもよいのです。別に仲がよくなくても、健康で互いが人生を楽しんでいればそれでよいのです。そこは誰かに評価される必要はないはずなのです。

家族の絆は美しいと言われます。家族の絆は救いになることもあります。しかし、逆に、憎悪を生む根源でもあるのです。これは、うすうす誰もが気付いているのではないでしょうか。

またもはや、親なのだから子供を愛すべき、父親なのだから尊敬されるべきという時代でもないでしょう。

家族であっても、時には相手を軽蔑したり、無関心になってしまうことがあっても、これは人間のすることなのですから、しかたがないのです。

家族間であっても、自分は母が嫌いなのだな、息子は私が嫌いなのだなと冷静に受け止める余裕を持つことも大切です。相手を変えようなどとはおこがましいことです。そういう関係を保つしかないときは、それを淡々と受け入れる平静さをもちましょう。家族であっても、近い関係だからこそ、嫌な部分も見えるものです。家族だから嫌いなんだ、と思えば、不快や自責の念から解放されることもあるでしょう。

離婚に後ろめたさを感じる人

時折雑誌やラジオで、人生相談やお悩み相談のコーナーに出演させていただく機会があります。その中でも多いのが家族に関する相談です。

内容は「夫婦の仲が悪く、嫌いでしかたがないが別れられない」や「母として子供たちを一生懸命育てているが、どうしても一人だけかわいいと思えない子がいて、辛く当たってしまう」などさまざまです。

質問にお答えしながら改めて家族の悩みの奥深さを感じます。

興味深いのは、「明らかに嫌い合っている夫婦なのにどうして一緒にいるんだろう」と思えてくる相談者からのご質問です。

婚姻関係は、いわば社会的契約なので、どうしても継続が難しいと判断したら解消してもよいはずです。

嫌いと言いながらも、やはり一緒にいたいものなのでしょうか。

もちろん、子供の将来や精神的ダメージを心配したり、経済的な問題を抱えていたり、家柄や世間体がハードルとなり、離婚できないというケースもあると思いますが、離婚に対して、「それはいけないことである」という強迫観念が強すぎる場合もあるのではないかと感じることがあります。

日本ではまだまだ「離婚はよくないこと、後ろめたいこと」という風潮があり、「離婚したら子供がかわいそう」「離婚した女性は忍耐のない人」というイメージもいまだ根強く残っているようです。

離婚しないという判断も尊重されてよいと思いますが、離婚するという判断を、ことさら蔑視するような風潮が一部にあるのは、あまり理性的ではないのではないでしょうか。

離婚は、制度として認められた立派な権利であり、後ろ向きの決断、最終手段などではなく、もっと前向きな合理的な判断だと捉えてもよいはずなのです。

実際に離婚した人に話を聞いても、後ろめたい思いはしたが、後悔はしていない。あのときの判断はベストな決断だったと言う人が多いように思います。

なぜ身近な家族ほど、嫌悪感が増大するのか

新型コロナによる自粛期間中に、相手の嫌な部分にばかり目が向き、離婚を考えた、などという「コロナ離婚」が話題となりました。

一緒にいる時間が増えたことで、見えなくてもよい相手の欠点が気になってしまったり、価値観の違いに気付いたりということもあったでしょう。

しかし、結婚前にはそれらの欠点や価値観の違いには気がつかなかった、もしくはその違いを許せたはずなのです。

家族として近くにいつもいることで、許せない気持ちが強くなるのでしょうか。

この現象には、「オキシトシン」という脳内物質が関わっていると考えられます。

オキシトシンとは、「愛情ホルモン」とも呼ばれ、脳に愛着を感じさせ、人と人との絆をつくるホルモンです。

オキシトシンは互いに名前を呼び合ったり、スキンシップを取り合うことで分泌され、特に同じ空間で長い時間一緒にいると、オキシトシンの濃度が高まります。

オキシトシンが高まることは、仲間意識を高め、親近感をもったり、家族に愛情を感じるなど、一見すると人間関係をつくる上ではよいものであるように感じられます。しかし、家族間でこのオキシトシンが高まると、お互いに信頼し合うと同時に、互いに期待をする部分も大きくなります。

愛情はもちろん、収入や家事、育児のサポート、両親の世話など、家族という共同体を守るために、妻も夫も互いに対してさまざまなことを期待します。

そして、家族であればこの期待に応えることが当然であると考えるようになり、期待を裏切るような行為、信頼を裏切るような態度に対して嫌悪感を抱き、相手を責めてしまうことがあるのです。

「家族であれば」こそ、相手の期待に応えたいと思い、そして自分の期待にもすべて応えてほしいと願うのです。さらに自分が相手に与えた愛情と同様もしくは、それ以上の見返りやリソースを求めてしまいます。

他人に言われても気にならないのに、同じことを家族に言われると、キレてしまう。よく見る光景かもしれません。

これは、人間には、関係が近すぎるとオキシトシンの濃度が高まり、愛情や仲間意識が強くなる。そして自分の期待通りにならないと、その反動で攻撃的になるという仕組みがあるからです。

相手への期待が増え、見返りを求める気持ちが強くなりすぎると、相手を束縛したり、支配したくなり、相手が期待に応えない場合には、責め立てたり、失望して徹底的に嫌ってしまうこともあります。最悪なのは、ＤＶや虐待、家族間殺人という行為にまで発展してしまうことです。

警察庁の調べによると、２０１６年に摘発した殺人事件のうち、ほぼ半数が親族間での殺人であることがわかりました。

「家族なのだから、暴力などもってのほか」と思われる人も多いと思いますが、これが現実です。「家族なのだから守ってくれるだろう」という幻想は捨て、暴力をふるわれたり、自分が相手に危害を与えてしまうかもしれないと感じたら、お互いのためにもすぐに距離を取るべきでしょう。

「手を上げられても、家族なのだから自分が近くで支えなければ」と思ってしまいがちですが、攻撃したいと思うほどの強い感情は、互いの距離が近すぎるから生じるネガティブな感情だということを理解し、第三者に協力を要請したり、安全な距離を保ちながら、相手の行動を注意深く見守るべきなのです。

子供は保護者と一緒に住むほうがよいという先入観も、昨今の児童虐待による痛ましい事件を見ると、考え直すべきでしょう。

家庭の中は覗きにくく、他者が介入することをタブー視してしまうからこそ、家族の闇は深くなり、問題があっても周囲からは見えなくなることがあります。

家族という形態が大きく変わってきている今、家族というものはときに非常にもろく、特に感情面では間違った方向に向かいやすく、多くのフォローを必要とする組織体であることを、もっと多くの人が理解すべきなのではないでしょうか。

仲直りする姿を見せないと、子供の脳が萎縮する

DVに発展することはなくとも、夫婦ならば、ときには激しい喧嘩をしてしまうことがあるでしょう。

この場合、子供がいる家庭ではぜひ注意をしていただきたいことがあります。

ヒトは大きなストレスがかかると、脳の中でも記憶を司る「海馬」が萎縮してしまうことがわかっています。大人でさえそうなのですから、脳が成長段階にある子供にはさらに大きな影響を与えてしまうでしょう。

2009年のアメリカの研究で、実際にDVを見た経験のある子供たちの脳を調査したところ、「視覚野」の容積が平均6％程度減少していることがわかりました。

さらに、感情的に不安定な家庭で育った子供は、感情をコントロールするのが苦手になってしまうことがわかっています。また、ストレスホルモンが増加することで、骨の形成が妨げられたり、免疫系の働きが妨げられ、感染症にかかるリスクも高まると言われています。


そして、実はこうした子供たちのストレスは、夫婦喧嘩を見せることよりも、喧嘩を見せた後に、仲直りをする姿を見せないことで大きくなるということもわかりました。子供なりに、両親の関係が修復できないということを忘れようとして「海馬」が萎縮してしまうのでしょう。

子供の前で仲直りをする姿を見せるということは、多くの家で実践できていないかもしれませんが、子供たちに安心感を与え、脳の健康的な発達を促すためにも、ぜひ子供の前で喧嘩をしてしまったら、関係は修復できるという姿は見せたほうがよいでしょう。「あなたのこういうところに腹が立ってしまい、嫌いって言ってしまったけれど、言いすぎだったかもしれない。でもこういうところは直してほしい」「すぐに怒るところは嫌いだけれど、子供に優しいところは好きだし、ずっと一緒にいてもらいたいと思っているんだよ」などという会話を子供の前で見せられるとよいですね。

親子ほど、互いの嫌悪感は解消しづらい

夫婦は別れることで他人になり、嫌うことの苦しさも少しは軽減されるかもしれません。そう考えると、親子関係の問題はより深刻です。夫婦関係のように、嫌いだからといって関係を解消できるものではないからです。親子というものは夫婦以上に業が深いものだと感じざるを得ません。

親子だからこそ、オキシトシンの濃度はより高くなり、互いへの期待も信頼も高まります。

だからこそ、愛情が強まる場合もあれば、うまくいかない場合に、「本当に自分が産んだ子とは思えない」「同じ血が自分に流れていると思うとゾッとする」と感じてしまうくらい、相手を嫌ってしまう状況が生じてしまうのです。

しかし、世間的には、子供が親のことを嫌うと親不孝と言われて非難されたり、親が子供を愛せないと、親失格というレッテルを貼られて評価が下がってしまいます。

「嫌いなのに、離れられない」という状況は、本当に大きなストレスであり、どちらにとっても抜き差しならない問題です。そしてこの悩みは、どちらかが死ぬまで一生続きます。いや、死んでしまった後も続く苦しみなのかもしれません。

この心理的なダメージは計り知れません。男性は新しい家庭をつくることで、自分の親との距離を取ることができますが、女性の場合は、結婚し、子供を産むという段階で、再度自分の親の手を借りなければならないといった状況が生まれ、自分と親との関係を再認識させられてしまうことがあるでしょう。

互いに関係を修復したいと思っても、理解してもらえず、共感できず、その心の傷のかさぶたが、何度も剝かれ、やはり自分は自分の親が嫌いなのだと気づかされてしまうことがあります。自分は親を愛せない、嫌いなのだと何度も反芻させられて、さらに傷ついてしまうのです。

その心をケアしていくことは、本人にとっても重要ですし、社会的にも必要なことです。世間的には「親は大事にしないとね」と言われてしまうでしょう。しかし、自分は親がなぜ嫌いなのか、その理由もわかっていて、どんなに言葉を尽くして伝えても、相手は絶対に変わらないということもわかっているのであれば、自分の心を守るためにも、親との距離を取るということも必要でしょう。

うまく距離を取り、自分の心をケアしながら、どうバランスを取って過ごしていくかを考える必要があります。

自分が親との関係性に悩んだときには、カウンセラーに相談するなど、心のケアに対してプロの力を借りることも、ぜひ前向きに検討してもらいたいと思います。

親を嫌うということは、仲のよい人にも相談しにくく、たとえ、相談できたとしても心に重たくのしかかるものです。

何よりも、親を嫌っている自分に、深く傷ついているはずなのです。親との関係を修復しようとするよりも、まず自分の心の傷をケアすることに目を向けましょう。今はさまざまなカウンセリングやセラピーの手法があります。自分に合う心をケアする方法をぜひ見つけてほしいと思います。

家族の嫌なことばかり目につくときは、観察力のなさを反省する

家族間の嫌悪、夫婦間や親子間の嫌悪が、身体的・精神的・経済的なＤＶに至るようなら、夫婦であれ、親子であれ、別居するなり物理的な距離を取ることを考えるべきだと述べました。

ＤＶは人として一線を越える行為で、時が解決するというようなものではないからです。繰り返しますが、「嫌い」はごく自然の自己防衛の感情ですが、ＤＶは相手を損なう暴力でしかありません。力のあるものが、一方的に暴力をふるうわけです。

ただし、一時的な「嫌い」という感情だけで、離婚を迫ったり、子供の人格を傷つけるほど責めたり、親を一方的に憎むことはよいこととは言えません。

家族の嫌なところばかり見えてしまうという人は、自分の観察力のなさを反省する必要もあるかもしれません。

息子は成績が悪いけれど、創造力は高く、友達に優しいというよいところもある。

娘はなかなか周囲の子供には馴染めないけれど、自分の心と向き合う強さがある。

妻は口が悪いけれど、家族のためにも自分のためにも、きめ細かくサポートしている。

夫は家族には気が利かないが、周囲の人には好かれる才能がある。

父親は高圧的に見えるが、曲がりなりにも部長という役職を続けているし、仕事はできるのだろう。

など、よく観察すると、それぞれよいところがあるはずです。

「嫌いだけれど、決断力はある」「嫌いなんだけれど、嘘を見抜く勘はするどい」など、嫌いな点以外のよい点を探すことで、相手のことを嫌いな気持ちが変わらなくても、相手を攻撃する気持ちは減ってくるでしょう。

嫌いな理由を見つけて非難ばかりしている人は、たとえ別れても、結局、同じことを繰り返してしまうことがあります。どこかに青い鳥がいるわけではありません。

離婚をして相手から逃げられても、自分からは逃げられません。自分の嫌いなところからは逃げられないのです。

家族に対しても言い方を選ぶ

例えば、自宅で夫婦がともにテレワーク中、妻が大きな音量で音楽を聴いたり、大声で電話しているのを見てイライラした場合、**「うるさい!! おまえのそういう無神経なところが嫌いだ!」**と一方的に怒りをぶつけると、妻はものすごく傷ついたり、腹が立ってしまうでしょう。

でも、**「僕は昔から大きな音や声が苦手なんだ。だから仕事中に君が大きな音量で音楽を聴いていると集中できなくなってしまうんだ」**と言われれば、これからは気をつけようと素直に思えるのではないでしょうか。

「狭い家だし、どうしても音が漏れるよね。この際いいヘッドホンを買おうか」などと、解決策を提示し合うのもよいでしょう。

相手に遠慮をしたり、我慢を続けていると、結果的に堪忍袋の緒が切れてしまい、**「おまえは平日から音楽ばっかり聴いて、ホント頭悪いんじゃないのか！」「あんたこそ、いつも大声で電話しているじゃない！」**などと、感情を爆発させ、売り言葉に買い言葉で言い合いになってしまうこともあるかもしれません。それでは、相手はもちろん、自分も後味悪く、さらに嫌な気持ちになってしまうでしょう。

ついいろいろな女の人に目がいってしまう夫に対し、**「あなたの女好きなところが嫌い」「女の子を見ると、目がずっと泳いでいるわよ。そういういやらしいところが嫌い」**と言うのと、**「私は、あなたが他の女の人ばかり見て、私のほうを見向きもしなくなるとショックだし、寂しい気持ちになるんだよね」**と伝えるのとでは印象がかなり違うのではないでしょうか。「他の女の人ばかり見ているのがすごく嫌だ」という気持ちはどちらも伝わりますが、人格を否定するニュアンスはかなり和らぐでしょう。

ポイントは「あなたがそういうことをするのは自由だけれど、自分はこう感じている」

とどちらにも裁量権があることは認めつつ、自分の不快感を客観的に伝えること。あなたの自由は尊重するけれど、私が嫌だと感じる自由も認めてほしい、という主張を込めるのです。

相手の人格を否定し、行動を規制するのではなく、自分の気持ちを率直に伝えるのです。自分の気持ちを主張した上で、どう振る舞うかは、自分の責任ではなく、相手の責任です。暗に「あなたは私に、嫌な思いをさせたいのですか？」というニュアンスを含みつつ、裁量権はあくまで相手に譲ることで、その後の行動は相手の責任になるわけです。

「親しき中にも礼儀あり」と言いますが、こうした気の使い方や、やり取りは、他人に対してはもちろんのこと、最も長く人間関係を続けていかなければならない「家族」に対して必要なのではないかと思います。

考えてみれば、家族といってもまったく違う人格の人間が一緒に家にいるわけですから、本来衝突があっても当たり前なのです。

夫婦であっても価値観や趣味嗜好も違うし、結婚当初は、同じだと思っていた好みも、お互い年を経れば変わることもあると理解し、適度に距離をおいて付き合う。もし違いを見出したときには、「自分は、ここは譲れないけれど、ここは譲歩してもいいよ。だから君は、ここは許せる？　許せない？」といった、互いの好き嫌いを出し合い、どれくらい嫌いなのかグラデーションを含めて対話できることが、長続きの秘訣なのではないかと思います。

家族には、言わない、言い返さないことも知性だと捉える

悲しいことではありますが、家族だから話せばわかる、調整し合えるとは限りません。家族だからこそ共有できない感情があり、話しても理解し合えないということはあります。気難しい親も高齢になれば丸くなるかもしれないと淡い期待を抱いていたら、ますます意固地になってしまい、ストレスや困り感を抱える人も多いでしょう。むしろ高齢になればなるほど、老化による脳の萎縮が起こり、人によってかなりの差がついてしまうことがわかっています。

老化により、脳の中で最も影響を受けるのが前頭葉です。前頭葉は相手の気持ちを理解

したり、自分の行動を制御するという理性を司る部位です。脳の萎縮により、「自分とは違う考えだが、受け入れよう」という柔軟な対応はますますできなくなるのです。

年を取ると頑固になる、怒りっぽくなると言われるのも、自分の考えに固執してしまうというよりも、人の話を聞く機能が衰え、感情を抑制できなくなるからなのです。

ですから、扱いが難しくなってしまった高齢の親に「お願いだからあなたの価値観を押し付けないでくれ」「息子の進路を勝手に決めないでほしい」などと伝えようとしたところで、理解してもらえないでしょう。

話が通じないどころか、「どうしてあなたはいつもそんなふうに親を侮辱するの?」「おまえには親の気持ちがわからない」と言われてしまうこともあるでしょう。

勝手な親の価値観を押し付けられることに、いかに不快であるか気持ちを伝えても、相手は理解できないのです。とはいえ、自分の我慢も限界である、という場合の最善策は、言い返さずに、静かに距離を取ることでしょう。

物理的な距離を取れない場合は、「ああ、もうこの人は私の話が伝わらないくらい老いてしまったのだ」「明日は我が身。自分はこんなふうに老いないように脳トレしよう」など気持ちの処理をし、心の距離を取るのです。

自分の親は自分を理解してくれないのだということを受け入れるのは辛いことですが、相手に自分の気持ちをわからせるよりも、穏やかな日々を過ごすことが大事だと捉えて、言い返すことをやめるのです。一生懸命伝えても伝わらない相手には、黙っておくという選択肢を取るほうが知的なのです。伝わらない相手に自分の気持ちを伝えてもメリットはありません。

親を嫌いだという気持ちをもったときに、モヤモヤしてしまう人の多くは、家族だからこそわかってほしいと期待し、その期待に相手が応えてくれないからモヤモヤしているのでしょう。また、老化により変わっていく親を受け入れられず、こんな姿は見たくない、昔はこうじゃなかったという思いから、嫌悪感が湧き上がることもあるでしょう。

親であっても、夫婦であっても、嫌いになってしまうことがあるということを認めたらどうでしょうか。もしくはとりあえず今は好きになれないということを認めるのです。

そして「嫌い」を認め、それを本人に伝えることを諦められる自分は素晴らしいと思い、褒めてあげましょう。本人に嫌いだと伝えたらスカッとすると思ったら大間違い。爽快感があるとすれば一瞬です。その後何倍にも反論されて落ち込むのが関の山です。爽快感だけなら別の方法で簡単に得られるはずです。

傷ついたら心を癒やしてくれるのは、目の前の嫌いな相手ではないのです。どうしても心のモヤモヤを晴らしたいと考えるのであれば、「話を聞くプロ」「カウンセラー」を頼りましょう。

家族間で堂々巡りをしているだけでは気付けなかった、家族に対する感情の捉え方、表現のしかたを見出し、身近な人への上手な接し方を練習するきっかけが見つかるかもしれません。

第六章

自己嫌悪との向き合い方

自分を嫌うということ

何が嫌いといって、自分自身のことこそが一番嫌いという人がいます。自分の性格、行動、成績、容姿など、自分の中に欠点だと思われるものを見つけると、人と比べて不満足に感じ、自分自身を嫌うのです。そしてそこを変えたいと願うけれど、なかなか変えることができず、落ち込んでしまうということもあるでしょう。

特に自己嫌悪が強く表れるのは、思春期から20代前半の若者と考えられます。思春期に達した若者の特徴として、自分を「対象」として見ることができるようになっていく途上にあるということがあります。自分を対象化し、他人からどう見られているのかということを気にするようになるのです。

このとき、他人と比較し、自分のほうが優れていると考えるよりも、自分のほうが劣っていると感じることのほうが多いのです。

「自分のここがよくない」と、ネガティブ要素を検知し、それが誇張して意識され、自分に対する嫌悪が増幅します。

なぜ若者は自己嫌悪感が強くなるのか

若者の自己に対する嫌悪感が強くなる理由は、思春期の脳が、大人の脳とは違い、不安を増幅してしまう回路をもっている脳だからです。若者の脳は大人と比べて成熟しておらず、不安や恐怖などのネガティブ感情の処理も上手にできません。

大人と比べると、ごく感覚的な言い方をしてよければ8割くらいの完成度と言えるでしょうか。そして脳の中でも、自分の行動に抑制をかけたり、将来のために計画を立てたり、集中するといった役割をもつ、「前頭前皮質」は一番遅く出来上がります。

前頭前皮質が出来上がるのは、30歳前と言われるので、10代、20代のうちは、まだまだ脳は発展途上なのです。

つまり、他人と自分を比較し、不安を感じることができるけれど、脳が成熟しきっていないために、その感情を冷静に処理して行動したり、合理的な判断をすることが難しいのです。成人になっても、「自分が嫌だなあ」と思うことはありますが、自分について一種の諦めももっていますし、脳の中に「そんなに不安になる必要はない」と不安を打ち消す回路もできてきます。

ですから、若者のほうが、「こんな自分には生きる価値がない」「死にたい」などと考えてしまうような深刻なネガティブ感情に振り回されやすいのです。

不安も自己嫌悪も、自分を向上させる原動力

程度の差はあれども、ほとんどの若者は自己嫌悪感をもっています。自分のことを気にして「どうして自分はこんなにできない人間なのだろう」「どうして自分はこんな顔をしているのだろう」と考えてしまいます。

周囲の人が「そんなに気にしなくてもいいよ」と言っても、自分の姿を客観的に把握したり、感情を処理したりできません。

わずかな失敗を人生の終わりだと大げさに捉えたり、他人と比べて劣っていると卑下してしまうのです。ですから、自信があるように見える子供でも、実は不安定で動揺しがちなのです。それが、子供や若者の脳なのです。

大人が励まそうとしても、自分に対する評価が低いため、大人の何気ない言葉で傷つき、落ち込み、反抗的な態度を取ることがあります。

しかし、若者が不安を強く感じ、自己嫌悪に陥ることは、実は成長するためには意味のあることで、大事な仕組みでもあるのです。

「こんな自分が嫌だ」という気持ちが高まることで、新しいスキルを身につけようとする動機づけとなり、学習速度も上がります。

脳が感じる不安＝嫌いによって、もっと成長したいと願い、能力を身につけるために努力しようとするのです。

つまり、自分を嫌うことが、成長に向かわせるのです。

本人は辛いかもしれませんが、その辛い気持ちと抱き合わせのようにして、自分の力を伸ばす原動力ももっているのだということを知っておくとよいと思います。

若者の自己嫌悪は暴走しやすい

ところが、あまりにも不安を強く感じすぎるため、本人がその辛さに耐えきれず、衝動的な行動に向かってしまうという危うさをもっているのも若者の特徴です。

大人の脳では不安を感じたとき、自分で自分の不安を抑えるホルモンが分泌されて、ブレーキを踏むことができますが、子供の脳では、このホルモンが逆にアクセルになり、不安をより増幅させてしまうことがわかっています。

ですから、子供のほうが大人よりもずっとストレスに弱いのです。周囲の人も、自己嫌悪で悩むこの時期の若者には、「繊細だね」「気にしすぎだよ」といった声かけだけでなく、その行動を注意深く見守ってあげてほしいと思います。

そして誰か（特にきょうだいや親しい友人）と比較して鼓舞することは、やめたほうがよいでしょう。むしろ昨日の自分、昨年の自分と比較して、どれだけ成長したのかを自覚させてあげるほうがよいでしょう。


可能であれば、今もっている自己嫌悪は一生続くものではなく、成長するための今だけの特権なのだということも、きちんと伝えてあげられるとよいでしょう。

「今あなたが感じている自己嫌悪は、脳の中に不安の回路が残っているから強く感じてしまうものであり、若者だったら必ず生じてしまう感情なのだよ」「若いうちは自分が嫌いという感情を大きく捉えてしまうことがある。でも、自分を嫌うことによってこそ向上できる能力がある。だからその感情は成長の芽なんだよ。そして35歳以降にはなくなってしまう不安なのだから、その不安な気持ちを大事にしなさい」などと言ってあげられる人がそばにいるとよいなと思います。

大事なのは、脳には自分を嫌う性質があり、「嫌い」という感情が人間の行動や進歩の大きな動因になっていることを知ることです。

自分を克服したいと願っている時期だからこそ、自己嫌悪の仕組みを知り、己を知ることでよりよい生き方ができるということを丁寧に伝えていくことだと思います。

人間の価値など測れない

自己嫌悪する人は、自分は価値の低い人間だから「嫌い」と感じています。

しかし、「人間の価値」とは何でしょうか？

そもそも人間の価値を測れる、客観的な物差しも仕組みもないのです。それぞれが、なんとなく価値のある人、価値のない人と根拠なく感じることがあっても、それは自分の主観でしかありません。

他人と比べて、自分の価値を把握しようというのは、一つの試みでもありますが、その物差しも絶対的ではありません。主観という、およそ当てにならない物差ししかもっていないのに、自分自身の価値などわかるわけがないのです。唯一、価値が測れるとすれば、それは自分自身の昨日と今日の能力の差ではないでしょうか。昨日できていたことと、今日できることを比較することです。

これは一番確実な方法ではありますが、普段から継続的に取り組まないと、簡単にできることではないのも厄介なところかもしれませんね。

自分に自信をつけたいと思っている人には、自分の努力したことを日々書き出し、記録することをお勧めします。

自分の努力と、いま持っている能力の「見える化」をするのです。自分の努力したことを書き留めることで、他人ではなく、自分のやってきたこと、これからやるべきことに目が向くようになります。

そして、後日その記録を見返したとき、自分がいかに努力し、能力も進歩したのかがわかり、自信が湧いてくるでしょう。人からどんな評価を受けても、結果がどうあろうと、自分の努力の軌跡を見ることで、冷静に向き合えるはずです。

冷静に自己分析することで、こうしたい、こうなりたいという目標が明確になり、その目標に向かってブレることなく進んでいけるでしょう。

日本人は、自分を低く見ることに慣れすぎている

日本の現状を見ていると、自分の価値は高いとアピールしがちな人に対する攻撃の言説をよく目にします。そうした攻撃の言説に触れていると、実は「自分はすごい」と思っている人も、なかなかアピールできなくなるでしょう。自分が攻撃されるかもしれないからです。「自分が間違っているかもしれない。それほどの人間ではない」と言う方が安全ですし、実際そう言い続けているうちに、本当に自分は大したことないと思ってしまうことのほうが多いのではないでしょうか。

他人に評価されても、「自分はまだまだ未熟です。自分はこのような実力しかないのに、

過分な評価をいただいて恐縮です」と言っておいたほうが排除されず、安全だという意識があまりに強く働いてしまっているような気がします。

そうやって自分が攻撃されず、安全でいるために自分を低く見積もらされ、「自分は大したことはない人間だ」とあたかも自分に呪いをかけるように、本当に自信をなくしてしまうという現象が起こるのです。

日本人は、「謙譲の美徳」を重視しすぎるあまり、自分を過小評価しすぎるということになるでしょうか。

とはいえ、こんな呪縛にいつまでも縛られてしまうというのも、バカバカしいでしょう。「自分には、今こういう能力があり、こういう分野では他の人ができないこともうまくできる」と実感し、正当な自信を感じながら生きていけるように、やはり自分の力を記録することはとても有意義なことだと思います。

自分の能力も評価も、常に更新されていくものだと思いますが、自分を客観的に認知するためにも、言葉にして残しておくのは決して無意味なことではありません。

人から嫌われないために、自分を必要以上に低く見るような自己暗示をかけていたはずなのに、結果、他人どころか自分が自分を嫌うようになってしまったというのでは、本末転倒です。

自分を嫌いになる前に、自分を客観的に見る視点をもつことです。

また、自分のことを評価する複数の視点をもっておくことは、強力な武器になるでしょう。

自分に対する自分の評価は、常にあいまいになるものです。

常に自分を客観的に見て、適切にアドバイスしてくれたり、正確に評価してくれる人を見つけておくことをお勧めします。いわゆるメンターをもつのです。

自己評価が下がるときにはメンターに相談し、直接会うことが難しければ、常に迷ったときはそこに立ち返ることのできる確たる指針を記したものを手元にもっておきましょう。

普段の自分と苦しい時の自分を客観的に比較できるようにするなど、リファレンスを取ることも大事なことです。

自分を大事にするということ

「自分が嫌いで、嫌いで、たまらない…」

そんなふうに、自分を嫌いになってしまう感情に振り回されてしまいそうな場合には、まず、心を休め、自分を見つめる時間をもつことです。

何度も書きますが、自分の嫌いな感情をひとまずは認めるということがとても大事なのです。「今、自分は自分を嫌いだと思った」と受け入れる時間をもつのです。そして、自分が自分から嫌われてしまった、ということへの悲しみも感じてみるのです。

「嫌い」の感情を愛するというと大げさなようですが、要は、「自分を大事にする時間をもつ」ことです。

現在は、自分の感情をいかに速く処理するのかということを重要視し、さっさと気持ちを切り替えられることが、あたかもよいことのように捉えられているのではないでしょうか？　そうしたスピード重視の世の中で、「じっくり自分と向き合う」ということがあまりにもないがしろにされてしまっているように思います。

自分と向き合い、少しずつ鍛錬し、自分を育てていくということは、大切なことなのですが、いや、だからこそとても時間のかかることです。

むしろ、スピード重視の社会にあるからこそ「自分と向き合い、自分を大事にする」という時間をもつことの価値に目を向けてほしいと思います。

自分のよいところは放っておいても、誰かが認めてくれるでしょう。一方で、自分のダメな部分、自分が隠したいと思うような嫌いな部分は、おそらく誰も救ってくれません。

しかし、自分のダメな部分には、必ず何か意味があるのです。その意味をおろそかにすれば、自分を大事にしているとは言えないのです。

よい、悪いと勝手に自己評価するのではなく、「自分はそういうものなのだ」とまずは冷静に捉えることです。それが自分を大事にすることであり、ひいてはそこから「嫌い」という感情を活用する力も、アイディアも生まれてくるのです。

「今、あの人のことを妬ましいと思ったね。そして妬ましいと思った自分がものすごく嫌いで落ち込んでいるんだね」と、まるで自分の隣にもう一人自分がいて、その人が自分をずっと見ていてくれているかのように、自分を見てみましょう。

自分が嫌いだと思ってしまった事実は消すことはできません。

消えないその嫌いだという思いを、「どうやってうまく生かそうか」と自分の隣にいるもう一人の自分と相談するのです。

「嫌ってしまった。それだけのことだよ」。そう思えれば、嫌うことは取るに足りないことだと思えるようになり、「嫌い」の無限ループから抜け出し、気持ちも楽になるでしょう。

他人を嫌う自分を許せないと、自分を嫌う他人も許せない

自己嫌悪に陥りやすい人は、自分の嫌いなところにばかり目がいく人で、つまり自己肯定感の低い人だと思われがちです。ただ、もうすこし深く考察してみると、もしかしてこういう人の中には「好き嫌いをしてはいけない。人を嫌ってはならない」と言われて育った人も多いのではないでしょうか。

こう言われて育つと、何かを嫌ってしまう自分を許せなくなってしまいがちです。

生きていれば、誰でも、一方的に相手を嫌ったり、突然不幸にも周囲から悪者にされるようなことがあります。

自己嫌悪は、他人を嫌ったり、嫌われたりすることを極端に恐れるあまり、「自分が悪い、自分が嫌い」と嫌いの感情を自分に向けて思考を止めている状態でもあるのです。

誰もが上手に自分と他人とのバランスを保ち、良好な関係を築いていけるわけではありません。

生涯、他人とは対立しないで生きていくことなどできませんし、嫌わざるを得ないのです。他人から傷つけられずに生きていくことなど不可能であり、自分も他人を傷つけてしまうものであり、そしてそれが人生なのだと学ぶ必要があるでしょう。

他人を嫌う自分を許せないと、自分を嫌う他人も許せなくなります。

そして、嫌いでもよいと思うことで、自分が嫌われても怖くなるのです。

自然に湧いてくる感情なのだから、嫌うことも嫌われることもあるだろうと思うことで、もっと精神的に安定して人間関係を築いていけるのです。

自分の欠点は活用できる

自分の嫌いなところがはっきりしている人は幸運です。

なぜなら、自分の資質を知っているということだからです。

自分の資質を直す必要はないのに、直したいと思うのであれば、それは成長したいという気持ちの表れかもしれません。

しかし、自分の特性を直そうとするだけでなく、生かすということも視野に入れてみましょう。自分の嫌いなところは、自分に備わっている特性であり、才能として伸ばすことができると捉え直すのです。

そうすることで、弱みだと思っていた自分の特性が、強みにもなるからです。

なかなか決断できないところが嫌いだとすれば、それは、みんなの意見を聞ける人という見方もできます。いろいろな人の話を聞けるのは大きな強みであり、多様性を生かしたり、味方を増やすことができる才能でもあるのではないでしょうか。

どんなに嫌いな特性も、強みに、才能に変えることができるのです。嫌いという感情のもつパワーは強い。だからこそ振り回されてしまうこともあるでしょう。

しかし、このパワーを運用することで、新たな可能性を広げることもできるはずなのです。これからの時代は、こうしたネガティブな感情を生かせる人、生かせない人に分かれていくのかもしれません。

自分の嫌いな部分をポジティブに捉え直す方法

嫌いなところを知っているということは、自分という人間を客観視できている、その能力があるということです。

まずそのことを認め、褒めてあげましょう。自分が嫌いで、自分に自信がないという人が、自信をもてるようになるために有効なのは、自分の嫌いな部分をできる限りポジティブに変換していく方法です。

自分の嫌いなところを書き出し、それをポジティブな言葉で書き換えていくのです。

自分の嫌いな部分にスポットライトを当てることはなかなか辛いことではありますが、そうすることで、今まで見えていなかった側面も見えてくるでしょう。

・判断が遅いのは、慎重な証拠。

・せっかちな自分だが、判断は速い。

・口が悪いが、はっきり自分の気持ちを言える。

・優柔不断だが、みんなのことをよく考えて空気が読める。

など、嫌いなところを書き出しながら、プラスの視点で見て捉え直すのです。

さらに「判断は遅かったが、慎重に判断したことで失敗を免れた」など、自分が欠点だと思っていた性格が役立ったり、みんなから感謝された出来事を思い出してみましょう。

自分の特性が、今後どんなときに、誰にとって役立つのか想像してみるのもよいでしょう。「自分が欠点だと思っていたことが誰かの役に立つ」「自分はすごい」とよい妄想をするだけでも脳は喜び、ドーパミンが分泌され、やる気も高まります。

さらに、誰かの役に立てたという「社会的報酬」による快感も得られ、自己肯定感も高めることにもつながるでしょう。

第七章

嫌いなこととの向き合い方

嫌でもやらねばならないことがある

「嫌い」なことをやるときには、気持ちが後ろ向きになり、できれば避けたいと思うものです。

ですから、苦手なことはあえて自分ではやらないで、誰かにやってもらうということが最善の策かもしれません。

実際に、成功する人は、自分ができることとできないことをよく理解しており、「嫌なことは嫌だ」ときっぱり言ってやらない人が多いように思います。

自分よりも得意な人を見つけたり、他人に振るのも上手です。確かに、得意な人に得意なことをやってもらったほうが社会全体としてはうまくいくでしょう。苦手なことを無理してやるよりも、自分の得意なことで還元していけばよいからです。

今や、苦手なことを頼る相手は、人間である必要はありません。

機能的なサービスやシステム、電化製品などを積極的に活用するなど、知恵を絞れば、自分がやる以上の効果をもたらす方法はいくらでもあるはずです。

とはいえ、やはり人間には、嫌でも苦手でも、どうしてもやらなければならないことがあります。ここでは、嫌なことをどうしてもやらなければならない状況があるとき、どう向き合い、どう取り組むとよいのかを考察したいと思います。

なぜ嫌なのかを分析すると、リスクを回避できる

嫌いなことでも、どうしてもやらなければならないこともあります。

また、嫌だけれど、避けるより、無理をしてでも自分がやるメリットが大きい場合は、どうにか工夫してでもやったほうがよいでしょう。

この場合は、デメリットをどれだけ減らして、メリットをどれだけ最大化できるのか、できるだけ緻密に計算してやるべきです。

この場合のデメリットとは、どれだけ自分の嫌な気持ちを軽くできるか、ということになります。なぜそれが嫌いなのかという分析をし、自分にとってのネガティブな要因がどこにあるのかということを特定し、戦略を練るのです。

やる気が出ないときの対応策

自分も課題であることを自覚していますが、嫌なことはなかなかやる気が出ないものです。最も辛いのは、物事を「やり始めるとき」です。このスタート時さえクリアし、動き出してしまえば、かなり楽になるものです。

ですから、例えば何か文章をまとめるというタスクが目の前にある場合、やる気が出ないときには、何でもよいから書き始めるのです。

そうやって何かを始めると脳からはアドレナリンが出てくるので、徐々にやる気が出てきます。

その他の仕事もとにかくできそうなところから手をつけてみる。勉強もまずは音読から始めてみるなど、とにかく手や口を動かしてみましょう。

また、一人ではなかなかやる気を持続することが難しいということもあります。何か始めるときのきっかけとして、誰かに少しだけ手伝ってもらうことができれば、動機づけとしては非常に有効です。

誰かに頼む、もしくは、場所を変えて人目のあるところで仕事をするということも試してみてもよいのではないでしょうか。

得意な人の思考ややり方をコピーする

苦手なことでも、その分野の得意な人と一緒にやると、うまくいくということがあります。特に運動機能は、得意な人をよく見て観察していると、知らず知らずに上達しているということが多いようです。

これは「ミラーニューロン」の働きと言えるでしょう。

ミラーニューロンという神経細胞は、モノマネ脳とも言えるもので、他者の能力を写し取る能力です。

例えば、自分は人とコミュニケーションを取ることが苦手なので、営業が嫌いだなと思っている人なら、できるだけコミュニケーションの上手な人に同行したり、食事をして一緒に過ごし、観察して、その人のスキルを吸収するというのは大変有効な方法だと思います。話し方、頷き方、突っ込むタイミングなどが脳にコピーされ、自分も人と話すことが得意になったりするからです。

アウトプットだけでなく、インプットする際にもミラーニューロンは有効です。

自分が苦手だったり、嫌いな分野の知識はなかなか頭に入らないものです。そんなときは、得意な人やその分野の達人に教えを乞うとよいでしょう。

東大卒クイズ王の伊沢拓司さんが、自分が興味をもてない苦手分野は、その道の達人に話を聞くのが一番だと言っている記事を読んだことがあります。

例えば、物理が専門分野の学生に、「自分はこの分野を全然面白いと思えないんだけど、なぜこんな研究をしているの？」と聞いてみる。すると、「ここが面白いんだよ」と本当に楽しそうに話をしてくれるのだそうです。

やはり達人はその分野の楽しみ方を知っているのでしょう。ですから、苦手分野であっても、達人から楽しみ方を教わり、一緒に楽しんでみることで、ミラーニューロンの働きで楽しい気分になったり、興味をもてるようになるかもしれません。

楽しいことと苦手な作業を結び付ける

もし「これはとても苦手な作業だ」と感じたら、どんなことなら楽しいのか、自分にとって何をしているときが一番楽しいのか考えてみましょう。

そして自分が楽しいと思うことを、その苦手な作業と結び付けるようにするのです。

競争するのが好きなら、何分でその作業を終わらせられるのか目標設定をし、時間を計りゲーム感覚で取り組んでみる。みんなでワイワイ騒ぐのが好きなら、できるだけ他の人を巻き込みながら、いろいろな意見をぶつけ合いながら取り組んでみる。

推理小説を読むのが好きなら、この仕事には実は別のミッションが隠されているのではないかなどと、想像してみるのもよいかもしれません。

「やるべきこと」ではなく、「やらないこと」を決める

何かに取り組んでいて、途中で挫折してしまったり、思う通りにならなかったとすると、たいていの人は「やるべきこと」をしなかったからだと考えるでしょう。

ところが、それは「やるべきこと」をやらなかっただけではなく、むしろ「やらないこと」を決めずに取り組んでしまったため、やるべきことをやる時間がなかった、あるいは、うまくできなかったということもあります。

研究者仲間でも優秀な実績を残すような人は、やるべきことを考えると同時に、やらないことを決めて、時間や労力を効率的に使います。

例えば、資格取得の勉強をする際には、「合格までに何をやるべきか」考える人が多いでしょう。

そしてまず資格取得の方法をリサーチし、合格者の成功談を聞き、いろいろな教材を買い求め、さらに講座を申し込み、勉強仲間をつくり、スケジュール帳を作るなど、やるべきことをどんどん増やしてしまいます。

恐らくそれらの中には、やらなくてもよいことも多いはずです。

苦手なことは、できるだけやることを省いて単純化し、効率的にしたほうがよいのです。

あれもこれもと、いろいろなことに手を出した結果、やることが膨大になり中途半端になって、ますます嫌いになってしまうということもあるでしょう。

できるだけ、無駄なことをしないためにも、「やらないこと」を決めて、本当に何をすべきなのか絞り込むことをお勧めします。

ラベリング効果を使って脳をだます

ラベリング効果とは、その名の通り、「ラベルを貼る」ことです。

自分にとって望ましいラベルを相手に貼ることで、相手の思考がそのラベルに影響され、自分にとって都合のよい行動を取るように誘導することです。

このラベリング効果を自分に対して使うのです。つまり、「嫌い」ではなく、「実はやってみると好きかも。得意かもしれない」というラベルに貼り替えるのです。

意外に脳はだまされやすいので、ぜひ試していただきたい戦略です。

個人的な話なのですが、私は中学に入学したばかりの頃、英語に対して苦手意識がありました。特に、冠詞の使い方がよくわからず、好きになれなかったのです。

実は物理も、話がよく分からず、嫌いな科目でした。

たまたま、親戚に塾の先生をしている人がいたので、ある日、英語と物理の勉強を見てもらうことにしました。すると、「あれ？　結構できるじゃない。家庭教師なんかいらなかったね」と言われたのです。

それまで、自分ではできない、嫌いだと思っていたのに、その一言で、「私はできるんだ」と思うようになり、苦手意識がなくなったということがありました。

また、大学受験の数日前に、高校の古文の先生と通学路ですれ違ったことがありました。受験を目前に控えていた私は、少し焦っていたこともあり「はあ、明後日はついに入試ですよ」と、少し弱音を吐いてしまったのです。

それに対して先生は、「落ち着いてやれば、君なら大丈夫」と笑ってさらりと言ってくれました。あまりにも軽く、「何をそんな気弱になる必要があるの？」と言わんばかりの調子だったので、「ああ、この先生は私のことを本当に受かると信じているんだな」と感じ、とても気持ちが落ち着きました。そして「大丈夫」というラベリングをしてもらったおかげで、本番も安心して受験に臨むことができたのです。

もし勉強が不得手だったり、本番で力を出しきれないというお子さんがいたら、叱咤激励するよりも、さりげなく「計算力があるね」とか、「意外にできるわね。こんな難しい問題も解けるじゃない」「あなたは○○ができたのだから大丈夫」といった声かけをして、「得意」「できる」というしっかりと根拠の求められるラベリングをしてあげるとよいと思います。

もちろん、調子に乗りすぎて失敗してしまうタイプの子もいると思います。気をつけてあげる必要はありますが、お子さんの性格が心配しすぎで失敗してしまうタイプなら、「自分は、これはできる」と思い込ませるほうがよいでしょう。

インプットするときは、不安や苦手意識が役に立つ

嫌いな分野の勉強は、集中できないのではないかと思う人が多いでしょう。ところが、脳の働きから言うと、学習中はある程度不安傾向があったほうがよいのです。

なぜなら、少し不安を抱えていたほうが、脳内にノルアドレナリンが分泌され、攻撃的な気分になり、不安を解消するために、緊張して意識が集中するのです。

知らないことをもっと知ろう、自分のできなかったことはどこだろう、ということを、

より集中して考えることができるので、インプットをするときは不安な気持ちが役に立つのです。

学校でも、会社でも、ボーっとしてのんきに不安を感じていなさそうな人は、勉強や仕事の効率が上がらず、成績も伸びない、ということがあるのではないでしょうか。

不安を感じない性格なので、成績が伸びずとも気にしない、という意味で本人の中では解決しているのだとは思いますが……。

一方で、試験やプレゼンテーションなど、アウトプットするときには、リラックスし自信をもって臨んだほうが力を発揮できます。ですから、準備中は不安があっても気にせずに、本番ではリラックスを心がけるとよいでしょう。

競技スポーツでも、練習では本番のように緊張して、試合ではリラックスしろと言われますが、これは脳の働きに即した指導のようですね。

真面目さゆえに、悲観的になってしまう人

真面目な性格の人や優等生タイプの人ほど、初めてのことに取り組むとき、たとえそれが他の人が楽しそうにやっていることでも、悲観的に捉えてしまうという傾向があります。

けれども、悲観的なタイプであるということは必ずしも悪いことではありません。

状況が悪化しないように準備をして、危険や、誰かから非難されることを回避する方法を考えようとするので、「強み」にもなります。

ただし、悲観的になりがちな人にとって、「不安を捨て、もっと気楽にやってみよう」と言われてもそれは簡単なことではありません。

真面目で悲観的になりやすいタイプの人が、不安感を覚えつつも、前向きに何かに取り組もうとするときに有効なのが、「この状況を楽しまないと学びにならない」「この困難を乗り越えれば、より豊かな学びが得られるはずだ」という思考に切り替えることです。

決して「自分がこの問題を絶対に解決しなければならない」「やらないと、落ちこぼれ

と思われるのではないか」といった、悲壮感を抱えて思考してはいけません。

自分にとって困難であり、難しさを感じることだからこそ、目をそらさず思考することで、貴重な経験や、より深い喜びを得られるはずだと捉えることが重要です。これは能力の問題というより、マインドセットの問題です。

嫌いなことがすり替わっていることもある

また私の個人的な話なのですが、私は子供の頃ずっと水泳が大嫌いでした。嫌いと言うよりも、泳げなかったと言ったほうがよいかもしれません。それこそ水に浮くだけでもやっと、という状態だったのです。水泳もプールも大嫌いで、毎年夏が来なければいいと思っていたくらいです。

しかし、大人になった今、私の趣味はスキューバダイビングです。ダイビングをするために国内はもちろん、国外も訪れます。

そもそも、なぜダイビングにはまったのかというと、「水の世界」に興味をもったからです。「地球の表面の7割は海。水の世界を知らないことは、ものすごく損しているのではないか」と思ったことが始まりです。

「水の世界」と、「泳ぐこと」を分けて考えてみたところ、水の世界にはとても興味があることに気づいたのです。

また、大学時代、学内には、学生が格安で使えるジムがありました。あまりにも格安なので、貧乏学生だった当時の私は、「こんなに安くジムが使えるのに使わないのは、損をしているのではないか」と思い、ジムに通うようになりました。

運動は好きではなかったのですが、私にとっては、自分が損しているということのほうが嫌だったのです。

ジムに通うようになると、それほど泳ぐことに対しても抵抗がないと気がつきました。そして、水の中に興味があった私は、ダイビングができるようになりたいと思うようになりました。しかし、誰かに直接泳ぎを教わることが恥ずかしく、スクールに通うことに抵抗があった私が選んだのは、動画サイトでした。

当時から動画サイトは優秀で、息継ぎのしかたから、腕や足の掻き方など、とても丁寧に解説してくれたので、なんとか泳ぎをマスターすることができました。

そして念願だったダイビングをするようになり、今ではすっかりはまってしまい、海もとても好きで、毎年夏が楽しみになりました。

そしてよく考えてみると、私が嫌いだったのは、「泳ぐこと」でも「プール」でもなく、「水泳の授業」だったのだということがわかりました。

同級生に水着姿を見られることも嫌でしたし、みんなは体が頑健で、水泳が得意なのに、自分だけが泳げない、異質な存在であることが恥ずかしくてたまらなかったのです。

水泳のできる子とできない子とに安易に振り分けられる水泳の授業は、私にとってはもはや授業ではなく、公開処刑のような場に感じていました。

「嫌い」の誤解を解くと希望が見える

恐らくこうした嫌いの誤解は、他の勉強や仕事でも当てはまるのではないでしょうか。

会社の業務でも、営業が嫌いなわけではなく、みんなの前で成績を比較される、公開で吊し上げられるシチュエーションが嫌いということもあるでしょう。

数学が苦手な子も、その子は別に数学が嫌いなわけではなく、競争のように短時間で計算力を競い合うというプレッシャーが嫌なだけで、本当は、数のセンスがあるのかもしれないのです。

エジソンも、学校の勉強に適応できなかったということは知られています。しかし、学校では実力を発揮できなかっただけで、勉強が嫌いなわけではなく、大人になり、エンジニアとしても発明家としてもものすごい頭角を現したことを考えると、嫌いを仕分けすることに希望が見えてくるでしょう。

自分の意志だけで「嫌い」を克服しようとしない

「嫌い」なことは、自分の意志が強ければ克服できると思わないほうがよいでしょう。

意志の力で努力すればするほど、意志による努力とは正反対の結果が出てしまうということがあります。これが努力逆転の法則＝エミール・クーエの法則です。

嫌だなと思うのには理由があるのです。

やっても無駄ではないか、失敗するのではないかという「嫌い」の思いと、やらねばならないという意志が対立しているときに、意志の力で「嫌い」をねじ伏せようとすると、そのことにエネルギーが注がれてしまうことになります。

そのため十分に力が発揮できずに、結局は予想通りうまくいかないということになってしまうのです。

ではやらないほうがよいのかというと、そうではありません。

嫌だ、でも、やらねばならないという状況があったら、なぜ嫌なのか、どんな悪い妄想をもっているのかを見つめ、そのネガティブな妄想に付き合ってあげるのです。

努力が無駄になったら辛いし、失敗したらみんなに迷惑をかけてしまう、自分は無駄が嫌いだし、人に迷惑をかけることがとても辛いのだと、自然に湧いてきてしまう嫌な気持ちを受け止め、さらりと付き合う方向にエネルギーを注ぐのです。
誰かそんな不安を共有してくれる友人がいれば、愚痴を言い、気持ちを吐露しながら取り組むのもよいでしょう。

意志というものはもろいものです。
意志を信用し、意志の力を鍛えるよりも、嫌だという気持ちとの付き合い方を身につけるほうが、自分の弱さを、生き延びる強さに変える有意義な方法と言えるのです。

不安だな、嫌だなと感じたときこそ、そのネガティブな感情を燃料にしながら、課題解決のために燃やし、上手に生かすことができれば、予測不可能なこれからの時代も、力強く生きていけるはずです。

あとがき

っています。

「嫌い」と、その対としての「好き」は、行動科学の中でも最後の砦なのではないかと思
というのも、「嫌い」は脳の判断であり、生理的な反応ではありますが、その原因や目的が完全に明らかになっているものではないからです。

「嫌い」、あるいは「好き」には、まだまだ謎が多いのです。

ただし、本書に記したように、生物、ヒトにとって、根源的なものであり、その行動に多大な影響を与えているのも事実です。

「なぜ嫌いなの？」、そして「どうして好きなの？」という問いは、本当に奥深く、いか

んともしがたいものだからこそ、取り上げる意味もあるというのが私の見解なのです。

思えば、世の中には「好き」「嫌い」を仕事にしている人は多いわけです。エンタテインメントでは、「恋愛もの」は欠かせませんし、グルメはそもそも、人の「好き嫌い」を考えずには成り立ちません。世に数多の発明品も、不便＝嫌いを、便利＝好きに転換したものです。

こう考えると、「嫌い」、「好き」を生かせる人と生かせない人では、だいぶ生き様が変わってくるのではないでしょうか。

感情の根源である「嫌い」、「好き」を知ることは、人間を知ることとも言えるでしょう。

「好き嫌いはいけない」という教えは、子供の頃は必要なことかもしれません。

それはビルの足場のようなものなので、人間形成の最初の段階では必要だとは思いますが、ビルが出来上がったら、足場はもう不要でしょう。

大人になり、これから自分を存分に生かすというときに、「嫌いになってはいけない」

という、子供の頃の足場が残っているとそれが足かせになりかねません。

ある程度土台ができたら、もうあとは、「嫌い」の上手な活用法を身につけたほうがよいと思うのです。


生きていれば、誰でも「嫌い」と出合わざるを得ません。

それこそ必ず毎日ちょっとずつ出合うものであり、それらが勝手にすべて解消されるということもないので、少しずつ溜まっていくこともあるでしょう。

その溜まった「嫌い」を、自分に生かし、メリットに変えるのも、ストレスとしてデメリットにしてしまうのも、自分次第です。「嫌い」を分析して、転換することで、あれほど抹殺したいと思っていた「嫌い」の塊を、宝の山にすることもできるかもしれません。

「嫌い」を知り、己を知り、人間を知ることで、ヒトの心の機微を味わいながら、人生を賢く生き抜いていきたいという人に、この本が役に立つことを心から願っています。

中野信子［なかの・のぶこ］

1975年、東京都生まれ。脳科学者、医学博士、認知科学者。東京大学工学部応用化学科卒業。東京大学大学院医学系研究科脳神経医学専攻博士課程修了。フランス国立研究所ニューロスピンに博士研究員として勤務後、帰国。脳や心理学をテーマに研究や執筆の活動を精力的に行う。科学の視点から人間社会で起こりうる現象及び人物を読み解く語り口に定評がある。現在、東日本国際大学教授。著書に「ヒトは〝いじめ〟をやめられない」「キレる！」（以上、小学館）、「人は、なぜ他人を許せないのか？」（アスコム）、「空気を読む脳」（講談社）など多数。また、テレビコメンテーターとしても活躍中。

構成：出浦文絵
校正：目原小百合
DTP：昭和ブライト
編集：塚本英司

「嫌いっ！」の運用

二〇二〇年 十二月一日 初版第一刷発行

著者 中野信子 1677216
発行人 杉本隆
発行所 株式会社小学館
〒一〇一－八〇〇一 東京都千代田区一ツ橋二ノ三ノ一
電話 編集：〇三－三二三〇－五五四六
販売：〇三－五二八一－三五五五
印刷・製本 中央精版印刷株式会社

Printed in Japan ISBN978-4-09-825385-2